喚起30

德道經原文重現重譯

老子傳訊

的 N 維

1973年湖南馬王堆漢墓出土帛書老子二本
1993年湖北郭店出土戰國後期楚國竹簡
經學界比對，驚覺流傳本道德經被篡改一千多字
所有人已經錯讀道德經二千年，而今跨越二千多年
老子從N維傳訊，帶來令人震撼的眞相！

呂尚教授◆著
李鴻源教授◆導讀

目錄

附冊：老子〈德篇、道篇〉原文白話精譯

序：天下有喜

佛濤（於北京）

中國的「一」和西方不同，一橫之間，天地始分，它不是最小，而是代表最初或最後，它既是天地始分處，亦是天地合一處，它既是一，也是一切，它象徵著天上地下一切空間。

在這個一上面再加代表時間的一豎，就是「十」。十是中國最大的自然數，代表一切空間和時間，亦象徵著十全十美的完美結束。

如果在這個「十」下面再加一個小一點的「一」，那便是「士」，中國這個士，很了不起，甚至評定一個帝王的優劣，也要看他對士的態度，如若禮賢下士，就是明君，如若焚書坑儒，就是暴君。當然，要成為士也不容易，首先要了知時空、知識淵博，但了知時空只是個「十」，還須得融會貫通還原到「一」，才能勉強算個「士」。

但中國的士講究知行合一，在行動上，還必須從這個小小的「一」開始，就是要堅持貫徹到底，直至十全十美圓滿結束，這樣知行合一的人，才稱得上士。

如果讓如此知識淵博了知時空，而又做事堅持貫徹的士開口講話，那就是「吉」了，凡事大吉了，如果再搭一個台，請如此這等的士來開口講話，這就是「喜」了，天下有喜了，人間有喜

了。

當然，如此的士，還希望自己有不斷的上升空間，所謂：士希賢～賢希聖～聖希天，最後皆希望實現天人合一。

眾所周知，我們身上的每一個細胞都是全息的，擁有我們全身所有的資訊。而我們人，作為宇宙的一個全息細胞，也具足了天地人間的全部資訊，本質上，我們每個人都具有天人合一的潛質，可歎種種誘惑煩惱，層層糾纏，好端端一個全息本體，漸至半導體，終至絕緣體。

凡其它種群修行者，無不驚訝：人類太奢侈了！它們欲修得一人身，皆須苦苦修行八百乃至上千年，而後再須做夠功德。人類卻生出來即是人身，然後隨便吃點喝點死了，毫不珍惜，真是太奢侈了！

所幸人間亦有無我無相無礙之希賢～希聖～希天～直至天人合一者。此乃天下有喜！人間有喜！值此君火司命紛亂之際，這本書赫然聞世，實尤為可珍可貴也。

庚子歲末，佛濤以此為序，亦為賀矣。

序：與本書結緣

王金平（於臺北）

「紫氣東來函谷關，老子著書五千言」

　　聯合國教科文組織統計，《道德經》是僅次於基督教《聖經》被翻譯語言最多的一部哲學類經典作品。

　　《道德經》跨越不同時代二千多年，有許多前賢往哲對這部作品有不同的批註。市面通傳的是曹魏時期王弼的注本，及漢代河上公《老子章句》，全書分 81 章，前 37 章為《道經》，後 42 章為《德經》。

　　據統計，清代之前，《道德經》版本有 103 種之多，都是從漢以來經每個朝代的文人墨客撰寫流傳而來。古書在上千年的傳抄、刻印過程中難免出現錯誤，因此，後世不斷地出現校訂本，迄今為止，校訂本共 3 千多種。

　　學界也都認為由於古時經書的傳抄與刊印時有衍奪錯植的情況，故《道德經》一書的版本問題極其複雜，謬誤亦多，雖有此想法，然而一直無法有其它版本佐證之。

　　有幸 1973 年 12 月長沙馬王堆出土西漢帛書老子甲乙本。又於 1993 年 10 月在湖北郭店楚墓出土戰國竹簡。2009 年北大從海外收存西漢竹書《老子》竹簡 221 枚，5,300 餘字，其殘缺部分僅 60 餘字，是迄今最為完整的《老子》古本。

　　經兩岸學者比對這 3 部更古老的版本，果然發現現行流傳本竄改誤植之處不少於 7 百多處，也解開了困擾研究者 2 千年的不符合書寫邏輯的句子問題。

　　《老子》為春秋戰國時期道家學派的代表性經典，亦是道教尊奉的經典。至唐代，唐太宗命人將《道德經》譯為梵語；唐玄宗時，尊此經為《道德真經》。後世之人，皆想能一睹「真」經。

　　呂尚教授理工出身，非文史哲人士，之前從未接觸道德經，由於天人感應，高維時空老子傳訊給他，要他幫忙還原當年寫作原文思想的資訊，於是呂尚教授開始向宇宙發念頭矢志嘗試還原本文的工作。經辛勞撰述完成本書，可算是道德經離誤植本年代最久遠的版本。

　　作者在著述上指出：「大家讀了二千年的道德經，竟然不是老子原文」，因此作者透過歷經宇宙高維傳訊，花一年時間與老子在多維時空中的天人感應與記錄，以及再花三年的各個版本的考證，以自己內斂之宇宙生命科學之獨特認知，專著出版有益於當今世人研究道德經之載體。

　　本人拜讀之後，認為，在往哲研究增刪、意改，雖說老子經注甚多，但各有各的所本，誤書汗牛充棟，作者發現諸多版本，謬誤不實，以其所得提供最佳還原真本文字，古人說立言三不朽，而成此風雨名山之業，令人佩服。

　　《道德經》是一部內容精深、自成系統的經典哲學著作。整篇內容涉及宇宙本源、天體演化、眾生萬物，而核心是「道」。

「道」之內涵包括：自然存在的先天形態物質、萬物萬事運化所遵循的自然法則、萬物萬事按照自然法則運化所展現的自然品格。

如何深入淺出輕鬆閱讀道德經，就在於和本書結緣了，是為序！

專文：工程師的心靈處方箋

台灣大學　李鴻源教授

　　道德經，這部僅次於聖經被翻譯成外國語言最多的一部作品，傳世二千多年，至今仍然被廣泛的引用和討論，不但不過時，而且理論與時俱進，實可稱為人類文明史的奇蹟。

　　它具有許多面貌，哲學家把它當作高深的哲理來研究，道教把它當成神聖的經典，我個人倒認為它比較像是老子將擔任公職的心得，留予世人的教誨。

　　時值春秋晚期，大道不行，天下崩亂，老子不忍生靈塗炭，留下諍言後，騎青牛，出函谷關，不知所終。

　　同時期的孔子亦感嘆「道不行，乘桴浮於海」，率弟子周遊列國，推廣儒家思想。可惜終不為各國國君所採用，於是中國邁入了更混亂的戰國時代。

　　筆者雖然從事理工研究，也曾讀過數種不同大師所闡述的道德經版本，但總覺得有許多牽強甚至矛盾之處。好友呂尚教授在不可思議的天人感應狀況下，老子傳給他道德經原文的訊息，之後仔細比對流傳本道德經、馬王堆漢墓帛書版本、西漢竹簡版本，及郭店楚墓竹簡版本，終於清晰地還原了德道經的原貌並整理成書。

　　全書共分為＜德篇＞及＜道篇＞，內容分別包括論德、論做

人、論做事，以及論道、論聖人、論治國。在仔細拜讀後，釐清了過去許多不明及矛盾之處，同時透過閩南語的朗頌，更掌握了過去很少被提及的音韻及河洛話的語法，頓時令人茅塞頓開。一掃道德經一直被誤解為出世、清靜無為的刻板印象，還原它具有的積極入世精神。

老子提出了人和人、國與國及人和地球的和諧相處方案，若說它是帝王之術也不為過。

筆者試著用個人的生命經驗來為大家導讀原版德道經，希望能起到拋磚引玉的效果，喚起更多人的共鳴，讓這部被誤讀了二千多年的寶典，再次成為引領人類行為的重要準則，找到人和地球萬物的和諧相處之道，或許我們有機會渡過目前最困擾人類的全球化及全球暖化的難關。

論德

道、德、仁、義、禮是老子提出的五項行為準則順序，一切以遵循「道」為優先。失去了大道，需依靠德性，失去德性即強調仁心，失去仁心唯有靠正義，失去正義僅能靠禮儀，再沈淪下去就剩下禍亂，有識者開始競爭，只擁有浮華的表象，卻是愚昧的開始。所以大丈夫應去浮華、取實相。

翻開中國歷史，千百年來統治階層全靠仁、義、禮來治理國家，約束民眾的行為，強調君君、臣臣、父父、子子等人和人間的關係，卻忽略了人和環境，人和萬物的關係，結果偏離了道和

德的大方向而不自知，而且錯誤一再重演。

在農業社會，使用的工具都很原始，對大地及萬物的衝擊沒有那麼顯著，到了工業革命後，因為科技的突飛猛進，人類成了優勢族群，近百年來，貪婪地耗盡了地球的資源，對大地造成無法彌補的災害，是以有今日之禍。

曾有人研究，如果中國人要照美國人的方式來生活，要耗掉四個地球的資源才能養一個中國，問題是誰有資格告訴中國人你不能追求美國的生活方式？當發達國家過著優沃日子的同時，誰有資格告訴開發中的巴西、印尼及廣大的非洲國家，你們不能砍伐熱帶雨林？這已經是非常深層的倫理問題，光靠科技無法解決這個危機，只有回歸德和道，從最根本的價值觀導正做起，才是唯一的方法。

另外，老子強調用不同的角度去觀察家庭、鄉里、邦國及天下，所以能得知天下的變化，這就是全息概念的體現，只要掌握不同尺度環境的變化準則，即可見微知著，和最新的混沌理論及碎形幾何的原理不謀而和。

宇宙的全息論，指的是從組成個人的原子與細胞，個人就是個小宇宙，從個人向外延伸至社會、國家、地球到宇宙是個大宇宙。不管宇宙的大小，它形成的邏輯和攜帶的訊息都是一樣的。

在混沌（chaos）理論中有一個論述叫碎形幾何（fractal geometry），概念大致如下，一直以來我們習慣用一維、二維或三維（one, two or three dimensional）來描述萬事萬物，但自然界

中幾乎沒有任何物件的形狀可以用簡單的直線描述，所以用傳統的思維及數學工具解析自然現象，總有侷限和誤差。

雪花是幾維？樹木又是幾維？自然界是否有一套我們不熟悉的準則在運作？舉例來說，一棵樹遠看是樹的形狀，如果將其中一枝樹幹砍下來，豎起來看，也是一棵完整的樹，將這樹幹的分枝砍下來，再豎起來，又是一棵完整的樹體…以此不斷推演。據此我們可以歸納出，自然界似乎存在著一個不斷自我複製的密碼，只要找到這個密碼，或許就有機會解開宇宙運行及生命的奧秘。

另外一個值得觀察的現象是，從宇宙的黑洞、颱風、龍捲風、水中的漩渦到 DNA，都呈現共同的形態，也就是螺旋狀。這螺旋形狀和宇宙的運作準則，應該有著密不可分的關係。

在梵文裡有一個神聖符號卍，一直被當作是佛教的圖騰。我總覺得它是一個逆時針旋轉漩渦的橫剖面。或許是古代的智者，想用卍來告訴我們生命的密碼。東方哲學產物卍和西方科學最精彩的突破 DNA，相隔三千年，用不同的分析方式卻得到相同的結論，和老子所傳達的全息論的訊息是相當一致的。

老子一直強調一個觀念「生而弗有，長而弗宰」，天地生育萬物，但不佔有他們，成長萬物卻不主宰他們，這才叫宇宙深奧的「德」。從入世法來看，這是最高明的領導統御及教養子女之道，上位者只要定出大原則、大方向，其他任下屬或子女自行發揮，他們自然會朝道的方向發展。從地球角度來看，只要遵守與

自然和諧相處的「道」，每個生命自然會找到自己安身立命的空間，也就不會有今天人類擔心的氣候變遷及其帶來的所有衝擊。

但是要如何具備定出這個大道的能力呢？老子又給大家出了幾門功課，要身體與精神合一，專守元氣而且態度柔軟，滌除貪執而且心靈清淨，愛護人民，促進國家興旺，心靈開闊守道，不優柔寡斷。為了引導大家能具備這些能力，於是老子開始教導大家做人及做事的準則。

論做人

做人有三條原則「慈愛、儉樸、不傲」。因為慈愛所以勇敢，因為儉樸所以寬裕，因為不傲知止，任何事都敢做在他人之先，方能成就大事。反之好勇、浪費、爭先，必使自己陷入死境。

老子強調唯有慈愛、儉樸、不傲，才敢於做在他人之先，這是一個非常積極的入世態度，和一直為眾人誤解的「無為而治」有很大出入。事實上，老子講的「為」應唸做四聲，指的是任何作為都不是為了一己之私。若唸成二聲，就成了「不作為」，和原意真是有天壤之別。

過分貪求外在物質、名利的人，必定大費精神；收藏過多寶物的人，必會失去更有價值的東西。因此知足的人不受辱，知分寸的人沒有危險，才能長久。

善於輔佐的士人不會武斷，對道的理解相當通達，善於作戰的人不易動怒，善打勝仗的人謹慎精進，使渾濁的水流平靜下來，

就會逐漸清明。因此遇到事情勿躁進，把心沈靜下來，思路自然清晰，就會做出正確的判斷，然後再使寂靜的事物活動起來，就會充滿生機，但同時要注意不追求事功盈滿，凡事給自己保留一點空間，恰到好處即可。

重視寵辱，最大的禍患是自己，之所以會有禍患，是因為有自身的慾求。做人要重視己身去為天下服務，才可將天下託付給他。

人世間最大的罪惡是放縱自己的慾望，最大的過錯是掠奪他人，最大的禍害是不知足，所以聰明的人要能識清他人，自我反省。勝過他人，更要能戰勝自我，知止滿足，努力實踐，同時不能失去立身處事的原則，方能長久，即使死了也不會被遺忘，這才是長壽。

要戰勝別人，有個明確的目標，較容易達成，但是戰勝自我，卻沒有明確的目標，而且隨著時空背景的改變，目標也會跟著調整，這才是最大的挑戰。

這些是多麼嚴格的標準，試問每個人自己能做到多少？目前掌握政府機器的這些官員又做到了多少？

筆者在三十五歲升上正教授的當下，突然萌生深深的失落感，彷彿一生讀書追求的目標已經達到頂端，下一步要往哪個方向去？

靜靜思考之後，毅然定下挑戰自己的目標，走出當時最熟悉、最有安全感，在國際上已經佔有一席之地的研究領域，同時跨出

學界走入社會，並走出台灣，邁向國際。

　　經過三十餘年的努力，除在數個不同學術領域開闢出新路徑，具體運用在政府政策，並在國際建立跨學術領域網絡及人脈，進一步將理論落實在許多國家施政上。何以致之？關鍵即是無私及自省，背後更重要的是不斷吸收新知識及精進。

　　在過程中，更能體會老子所說的方法及共同生活之道的深意。當處理眾人之事時，個人要謹慎發言，以做到協調觀點，統一行徑，挫掉銳氣，化解紛爭。只要誠意發自內心，沒有自我利益，不用想盡辦法去親近他人，給他人利益和權位，當然更不可以疏遠、加害甚至輕視他人。這才是天下最可貴之處。

　　筆者在不同層級的政府部門服務時，發現每一個問題都跨了好幾個專業及部會，除了要把自己本分的業務做好外，更要思考如何跳出本位主義，與其他部會合作，以建立對話機制，各自拿掉框架，達到異中求同，共同尋找最佳解決方案。

　　用這套方法也確實解決了幾件棘手的難題。其中一件就是在行政院組一個跨部會小組，成功封掉一千口深水井，減緩了彰化及雲林高鐵沿線地盤下陷速度，確保高鐵的行車安全。這個方案得以成功的關鍵是每個部會都能放下本位，戰勝自己，以成就一個更大的目標。同時因為這個計劃的落實，改變了政府的運作文化，落實跨領域對話，跨部門整合，此即是政府運作的人道。

　　「上善如水，水善利萬物而有情，居眾之所惡，故幾於道」，這一句是大家耳熟能詳的名句，意為最善良的人好像水一般，有

益於萬物又有情，處在眾人嫌惡的地方，所以和道最為接近。所以做人要和水一般，居善地，將善心深藏心中。

水是最柔弱的東西，它沒有形狀，卻可以穿透任何堅硬的岩石，是地球最不可或缺的元素，沒有水即沒有生命，而且所有的污染物都是靠它來傳輸、稀釋，然後慢慢地沈澱、淨化。它有這麼多的作用，卻被大家認為理所當然（take it for granted），除非極度乾旱，誰會感覺水的存在及重要？這就是老子形容的最高明聖君，做完了所有的事情，造福了大眾，民眾反而忘了聖君的存在，以為這是理所當然。

水的所有特質，無疑是大道的體現。遺憾的是數百年來，人類的行為偏離大道太遠，水被嚴重污染，每十秒鐘就有一個兒童死於腹瀉，每年有近七百萬人死於與水相關的疾病，水成了人類的頭號殺手。南北極的冰覆蓋預計在二〇五〇年年會全部消失，海平面即將上升 2-3 公尺，數億人會被迫離開家園。這將是人類最終必須面對的真相。

我們期望水為上善，或是成為頭號殺手，關鍵在人類的自我修為、價值觀的扭轉及對宇宙大道的遵循。

在老子時代，很少被提及的另外兩個生命要素就是空氣和陽光，加上水，是人類最寶貴的基本元素，因為取之不盡、用之不竭，而被視為理所當然，不加珍惜，空氣污染、懸浮微粒（PM2.5）、臭氧層破洞、紫外線直射等，終將帶來人類無法承擔的災害，即是老子一再強調，當人們不害怕該害怕的事情，更

大的災難就將降臨，「民之不畏畏，則大畏將至矣」。

老子談到做人的態度，剛強頑固是邁向死亡的途徑，柔弱謙虛才能找到生存的路徑，所以剛強高大的人，反而要懂得謙虛，看似柔弱謙卑的人，才具有真正的優勢。

能察覺細微處的人叫明白人，能保持柔軟心態的人叫強盛的人，不要遺漏自身缺點並據以改進，才能回歸靈明覺悟。到了靈明覺悟的境界，自然和宇宙的訊息場相通聯，於是所有的疑惑迎刃而解，達到了隨心所欲而不逾矩的境界，這就是修行的準則。但更重要的是把這些原理回歸人世法，落實在日常生活中，也唯有如此，人類才有機會存活於天地之間。

老子不但教導個人修為、待人處世及危機處理的具體操作作為，同時引導出修行的準則及達到靈明覺悟境界的方法。

論做事

在此篇章中，老子一開始即闡明，天下最柔弱的東西，才能馳騁在天下最堅固物體之間，無私方能透入任何細微縫隙之處，因而使人看見不為己利做事的好處。

無私（unselfishness）簡單兩個字，卻是自我修為的最高指導原則。

「有、无」，相生出難和易、長和短、高和下、音和聲、前和後，兩者相互伴隨，此即永恆的道理，所以聖人能不為私心處理事情，以不言之身教來教導人民。宇宙大道不用規定萬物如何

發展，不用約束它們的處境，自然萬物欣欣向榮。

老子接著用車輪和輪軸、容器和蓋子、居室和門窗，來闡釋有形和空虛如何相互搭配，「故有之，以為利；无之，以為用」。有形部分可以為人帶來便利，但空虛部分才是發揮作用的關鍵。有的事情減損了反而有益，增益了反而受損，因此做事不要把空間全部填滿，要善用空虛的作用。這裡強調了每件事情都有陰跟陽、有形及無形兩面，相伴相隨。

但一般人多只關注有形的一面，常常忽略了留白的重要，因此凡事不要做滿，留點空間反而會帶來畫龍點睛的效果。

同樣地，作為一個傳道、授業、解惑的老師，在教學上不要把學生的腦袋填滿，若能做到啟發學生，留點空間讓他們自我發揮，會產生更大的學習效果。

這是東西方教育理論的最大不同之處。在明清前，中國一直是全世界最強盛、科技最進步的國家，但科舉制度將填鴨式八股教育奉為圭臬，沒有為學生留下思考空間，對比西方自工業革命後的科學發展及突破，不但瞠乎其後，更造成國家百多年的體質羸弱。

對領導統御，老子也有獨特的看法。居上位者，最忌諱事必躬親，而是要讓部屬有發揮空間，更重要的是激發他們的潛能，進而引領他們走上正確的方向，這才是最高明的領導。但是關鍵在領導者有沒有戰勝自己的企圖心和本事，瞭不瞭解自己的潛能能達到哪裡？筆者幾十年來的觀察總結是，「一流的人，才會用

一流的人，二流的人，只能用三流的人」。看看週遭，是否真是如此？

總而言之，天地之間有如風箱，不去搖動，就虛靜無聲，搖動它，風自然吹出來，意為眾人之事，意見難免，但有時意見聽多了，反而無所適從，還不如守住心中的己見。

論道

道形成在天地之先，沒有聲音、形象，無邊無際，循環不息，可以說是萬物之母。它空虛存在，讓人感覺不到，但也沒有誰能支配它。因此人必須效法地、天、道及自然，也就是「人，法地地，法天天，法道道，法自然」。

為政者若能守此大道，用自然之道來奠下制度，萬物自然臣服，自覺地化育並成長，猶如天地陰陽之氣相合，自然降下時雨，要知其所止，就不會有危險，就像小溪自然流到大海一般。但為政者也要有大海般的肚量，才能容納來自四面八方的智慧。

德是道的外在面貌，道虛無的存在，但其中出現形象、實物及有情生命，可以回溯到萬物的始源。老子之所以能知道萬物始源的狀態，都是道的啟示。

老子想表達的是，道即是宇宙的良知、宇宙的訊息，掌握了宇宙的規律，即可駕馭現今存在的事物。但要和大道連結，就要做到前面德篇所講的做人及做事的原則，所以德和道相伴相隨，不可切割。

　　道這個宇宙本體，「生一一，生二二，生三三，生萬萬物物」，也就是生成一、二、三、萬物，一二三只是過程，道本身如太極圖負陰抱陽，動靜皆宜，以靜為中，陰陽相和。道不斷生長萬物，而德不斷養育萬物，道之於萬物有滋生、蓄養、生長、成熟、享樂、受苦、頤養、死亡的全過程。它的循環狀態是宇宙大道動態的表現，微弱的存在則是宇宙大道靜態的內涵。

　　老子又說，天下之道猶張弓也，高者抑之，下者舉之，有餘者損之，不足者補之。故天之道，損有餘而補不足。人之道則不然，損不足而奉有餘。孰能有餘而有以取奉於天者乎？

　　意為天下大道宛如拉弓，過高就壓低一些，過低就高舉一些，太多了會減損它，不足的會補充它。所以天之道，會自動減少多餘，而補充不足。人之道，反而是減損不足，而奉獻給多的。一語道破現今社會貧富差距愈來愈大，國與國之間、人與人之間、人和其他生物的不公平競爭，這些都是不遵守天道所致。

　　所以世界銀行設立的宗旨，及大部分國家的施政重點，就是「除貧」二字，一般多認為只要消滅貧窮，大部分的問題自然迎刃而解。但是在除貧的過程，仍要遵守宇宙的大道，而不是犧牲環境，來換取短期的經濟效益，否則終致要付出更大代價，還不見得能恢復原來的面貌。

　　以台灣為例，雖然經過五十多年努力，解決了民眾的溫飽問題，卻以環境為代價，造成大地百孔千瘡。已故的齊柏林導演所拍攝紀錄片《看見台灣》，即訴盡了台灣的美麗與哀愁。

尤其貧窮的問題尚未消滅，緊接而來的卻是分配不均，貧富差距越來越大，又是一個更大難度的挑戰。

老子認為，要解決這個問題，只有遵守天道，所以聖人實踐天道而不求占有，成就功業而不居其功，意即不自我誇耀賢德。修道的人，要塞住慾望之口，關閉六慾之門，如此終身不會後悔，一旦開啟慾望之口，終身不可救藥。

在道德經中，最為常人所熟知段落為「道，可道也，非恆道也。名，可名也，非恆名也。无，名萬物之始也，有，名萬物之母也，……」，此意為宇宙的大道，大家都可以用語言去解說，但是都無法明確地表達那永恆的宇宙大道。宇宙真理的名狀，大家都可以去形容，但都無法形容那永恆的名狀。

「无」是萬物源出之前的階段，「有」是萬物源出後的階段，只有處在清淨無慾時，才能觀察出宇宙萬物的細微奧妙。如果永遠充滿個人慾望，只能觀察到萬物的表象。「无」和「有」兩者同出於宇宙，名稱不同但意義相同，都是宇宙深奧又玄妙的道理。宇宙法則，不爭戰而善於取勝，不說話而善於感應，不召喚而自然到來。宇宙就像一張宏大的天網，看似稀疏卻沒有漏失。

在這裡，老子清楚地點出了直觀的智慧（intuitive knowledge）、宇宙的訊息和接收宇宙訊息的方法，唯有無私和無慾，是修行的最基本功課。

所謂直觀的智慧是靠心靈去覺知，而不是用言語傳達。因為宇宙大道無法用言語描述，勉強用言語形容，或許只能達到七成

的準確度，到了接收訊息人的耳朵，可能因領悟力不足，又僅了解七成。所以從訊息的發送者到接收者，只剩不到原來面貌的五成。如此再多傳幾手，訊息就完全失真。

因此許多先人的智慧傳到我們這一代，或是完全失真，或是只剩骨架，精神及內容蕩然無存，因此唯有從無私及無慾著手，方能培養出接收直觀智慧的能力，和宇宙訊息場相連結，才能了解大道、遵循大道。如果大部分的人都有這樣的能力，何愁大道不行？

論聖人

聖人不必出門即可知天下事，即可知宇宙大道。只要看到一些事務，自然清楚明白，只要一點作為，聖業自然完成。老子在這裡再度強調「全息」的概念，只要掌握宇宙大道即可「見微知著」，用最少的力量完成大業。

他認為，聖人能做到此點是因不為己利，不以自己的心願處事，永遠以百姓的心願為心願，用「善」和「信」對待所有人，用赤誠之心處理天下事務，而且始終把每件事都認為是困難的，時時戒慎，最後反而無事。

因為體認到有太強目的人會失敗，執著不放的人會偏離正軌，因此聖人做事不為任何目的，也不執著，在快完成時和開始時一樣謹慎，所以不會失敗。

老子不斷強調，當人民不害怕該害怕的事，那麼更大的災禍

很快就會降臨，絕對不要狹窄了自己的去路，絕對不要嫌惡人類，毀滅眾生。遵守天道，天道才不會嫌惡人類。所以聖人不固執己見，不自認高貴，知所取捨。

反觀現今世界，全球面臨溫度上升，兩極融冰，物種滅絕的巨大危機，但先進國家仍然為一己之利，為所欲為，更大災難的來臨是必然的結果。現今兩岸兵火相陳，社會大眾卻無知不覺、歌舞昇平，經濟大環境明明不佳，股市仍然天天上漲，絲毫不見疫病災禍隨時將至。

再把尺度縮小到面積僅三萬六千平方公里的台灣，台灣的人均 GDP 在 2022 年達到 35,510 美元，邁入已開發國家，我們也為此感到驕傲。然而，真的值得驕傲嗎？天道告訴我們，要追求和諧、平衡，找到每塊土地的容受力並據以運用，而不是浮濫使用，因為人要活、萬物也要活，但台灣在過去五十年卻一昧追求經濟發展，不顧環境所付出成本，高耗水、高耗能工業不斷成長，以致每年碳排放量為世界平均值的三倍。

今日台灣，經濟水準或許已側身已開發國家之列，種種作為卻無一容許我們自傲，包括對水資源的浪費、碳足跡過高，更不用提貧富差距擴大、城鄉落差無解。每一個人在喜不自勝之時都該自問，我們有善盡已開發國家的義務嗎？有以先進的技術服務或貢獻給需要的國家嗎？每一點羅列出來，都會發現遠遠不足。

所以，我們有何資格自稱是已開發國家？為今之計，唯有碳足跡降下來、空汙自然解決，節水、節能產業自會從下而上長出

來，國家政策走上正確的方向，同時對需要的國家伸出援手，人和萬物才可能均衡發展。

事實上，老子遠在兩千多年前就提出，聖人治國的原則是給人民溫飽，不貪圖物慾的享受，永遠幫助他人，物盡其用而不浪費，此即為天道規律。這也就是為什麼筆者會師法歐洲的新觀念，長期以來倡導循環經濟、綠能產業、低衝擊開發、韌性城市、人工濕地等概念，唯這些才是符合天道的具體表現。

老子在此一篇章中，描述了聖人的人格特質、做人處事原則及領導統御的方法，並對現今人民不害怕該害怕的事情，更大的災難即將降臨，提出了警告，也給予解方。

雖然講的是聖人，但是每個人只要能掌握標準，以這些原則待人、處世，俯仰於天地之間，人人都可以成為聖人，果真如此，天下哪有不治的道理。

論治國

用正道治國，用奇巧用兵。上位者不要擾民，人民自然勤勞致富；施政不為私人目的，人民自然品行端正；心性虛心恬淡，人民自然歸正；不貪圖享樂，人民自然純樸。

意即若能用關懷憫恤的心處理國事，人民就會淳樸安定，用嚴刑峻罰處理國事，國家反而會分崩離析。

這裡講的是治國的原則，不擾民、無私、虛心恬淡、不貪圖享樂，對人民關懷憫恤更勝於嚴刑峻罰。處理事情要在還沒發生

困難之前，治理禍亂要在還沒發生動亂之前，所有的成就都是腳踏實地一步一步累積起來。

面對有道的人，就以道來互相討論，面對有德的人，就以德來互相勉勵，面對失意的人，就以同理心去安慰。

最會思考的人，看起來很笨拙；有大成就的人，看起來很內斂；最正直的人，看起來好像受委屈。這裡描述的是判斷人的方法。

天依大道所以清明，地依大道所以寧靜，神依大道所以靈驗，溪流依大道所以盈滿，為政者依大道就能使天下歸正。

因為再怎麼刮風、下雨也不會持續一整天，是誰在發號施令的？天地也！天地尚且不能讓風雨持續很久，更何況人的政令呢？

最好的為政者能行不言之教，百姓只知道有此聖君而已；次等的為政者能得到百姓的親近與頌揚；再下一等的為政者以刑罰治理，人民畏懼他；最差的為政者只會以權術愚弄人民，人民輕蔑他。所以居上位者的任何言行都很重要。

事情完成了，功勞也有了，百姓反而說：「這是我們自然完成的！」，這才是最上等的為政者。古語有云「日出而作，日落而息，帝力何有與我哉？」這是古代人民最盼望的生活境界，聖君行天道，把本分的事情做好了，人民安居樂業，完全感覺不到政府的存在，以為一切都是理所當然。

反觀台灣二十年的政局，政治人物精於權術，收買媒體、掌

控媒體，包裝個人形象，打擊異己，或許會得到短暫的政治利益，最終會遭受人民輕蔑，甚至以選票制裁，歷次選舉或可作為明證。

只是令人憂心的是，居上位者急於炒短線並從中獲利，做了太多不好的示範，上行下效的結果是造成年輕人的價值觀扭曲、錯亂，墊個社會更加偏離大道。此時此刻，更突顯重建落實老子思想的時代意義及重要性。

重讀老子所提倡為政者三大原則，更令人心有戚戚：為政者要竭盡智慧，讓人民不用再去辨別，就會有百倍利益。要竭盡查察，讓人民不再投機，盜賊就會絕跡。要竭盡用心，讓人民不用再花腦筋，就會回歸孝慈本性。

他進一步闡述，「治大邦若亨小鮮，以道立天下」，治理大國要如獻祭新殺牲禮般地虔誠，以大道治理天下。這裡所稱大道的另一深層意義，是所有施政應該體現對天地的尊敬和尊重。過去人定勝天的豪情壯志及作為，已經讓人類吃盡苦頭，現在必須深刻理解，人不能勝天，要學習和大地及萬物和諧相處之道。

具體的呈現就是現在正推廣的低衝擊開發（亦稱海綿城市）、清潔生產、循環經濟的落實，以及全球倡議的京都議定書、巴黎氣候協定等等。更重要的是，人類必須改變追求利潤就是「硬道理」的思維，改變目前金融市場的遊戲規則，深刻了解「成長的極限」這幾個字的意義。同時要反問自己，到底這塊土地（廣義稱地球）的容受力是多少，我們可以對大地予取予求嗎？足以負擔我們無限制地追求 GDP 成長嗎？

　　治國，除了自己的國家之外，也不能忽視和其他國家的關係。老子強調，大國，應居於江河的下游，容納百川。雌柔永遠以沈靜勝過雄強，因為沈靜，所以宜於謙下。

　　意為大國能謙信有禮對待小國，就能取得小國的歸附。小國能謙信有禮對待大國，就能取得大國的保護。大國不要過份要求去支配小國的人，小國不要過分去攀附大國的事，雙方就會獲得自身所要的東西。

　　老子在這裡講的雖然是千年前的大國與小國的相處之道，對照現今國際情勢仍有其真義，借古知今，似乎離老子的理想越來越遠，尤其是兩岸局勢，造成動盪不安自是必然。

　　武器不是君子使用的器具，只有在不得已的情況下才用它，收起來不用才是上策，不用去讚美，讚美武器會樂於殺人。邦國利器不可拿來誇示於人。善用兵者，捍衛國家而已，而不是強取他邦。

　　但今日的國際社會，大國競相炫耀先進武器，小國競相軍購，一擲千金購買武器還沾沾自喜，卻枉顧人民生活的基本需求，悖離大道愈來愈遠而不自知，豈不令人擔憂。

　　讀完呂尚教授依據老子傳訊的信息而重新編寫的《德篇道篇》原文，對比今日局勢，令人不禁汗顏。

　　有感於全球氣候變遷，世局愈加動盪，兩岸兵陳愈烈，執政當局卻只急於掌握權力、分配利益，無視升斗小民的生計，於是筆者將從政多年的體悟寫就《台灣必須面對的真相》。或因如此，

如今再讀老子原文德篇與道篇，時代雖相隔二千六百年，更能深刻感受老子當年的心境和智慧。這也是我們希望還原《德道經》原貌的目的。

希望讀到這本書的人，都可以從中獲得啟發，照著老子教誨的做人做事原則，修得靈明覺悟的境界，和宇宙訊息場相連結，了解大道，掌握大道，照著道的原則從自身做起，進而推廣到家庭、社會及國家，更重要的是，要澤披萬物，和萬物和諧相處，如此人類或許有機會渡過此劫，爭取繼續存活在地球上。

共勉之。

事件的發生：
老子從 N 維時空傳訊給我

這個過程很重要，一定要詳述。

應該沒有人活到 67 歲時，會想到竟然有機緣發生「天人感應」事件，而且將會改變過去二千年的老子思想認知。

必須要先說一下，在 2015 年之前，我根本沒有讀過全本道德經，只知道「道可道，非常道……」「道生一、一生二……」「人法地，地法天……」「治大國若烹小鮮」這四個句子。但天人感應之後的 2 年 11 個月就能出版還原老子文字的書，絕對不是我個人的成果。

這個事件讓我回想起在南華大學執教時，對老子有一股莫名的興趣，但自己不是中文系、哲學系、宗教系、歷史系等出身，而是理工出身的人，可是每次去大陸參加學術會議，也都會利用時間去當地書城逛逛，看到有關老子的書就買回來，連續數年均是如此。

前前後後共買了 27 本，但很慚愧，買回來後一本都沒有閱讀，就擠在書架上。很多次告訴自己，靜下心來讀一讀吧，這是華夏文化最高境界的書，怎麼可以不讀一讀呢？可是每次拿起不同學者解釋的道德經，翻不到 3 頁，總是翻不下去，就是有一股莫名的排斥感，只好把書放回書架。

不知為何，多年來就是如此，此種情況自己也非常困惑，可

是何以會買一些老子思想相關與考證的書回來，又沒有讀，自己也說不上來。

回想 2012 年初，在一位屏東科技大學退休的林教授處看到一尊鴻鈞老祖神像，於是翻查文獻，知道鴻鈞老祖是眾仙之祖，是太上老君、元始天尊、通天教主三位的師傅。

後來林教授有意發起道德經讀書會，我建議不要用道德經三字，感覺總是不對，於是該年中經內政部核准成立＜中華老子思想研究會＞，成立大會時被選為常務理事。

每次去理事長林教授處，一定先向鴻鈞老祖頂禮。面對鴻鈞老祖神像的左方牆上，高掛著三清道祖畫像。有幾次，就在鴻鈞老祖神像前的廳堂，行禮之後，我的身體就不自主旋轉起來，雙手往兩旁平舉，快速旋轉，我眼睛要半睜著旋轉才不會頭暈，閉上眼睛就會頭暈。在我的視線裡，屋子四壁在飛快地旋轉，或許這就是市面所謂的自發動功吧。

有一次速度越來越快，擔心站不穩而摔倒，想要慢一些，但是身體不聽我的指揮，最後終於站不住了，整個人倒地。不會疼痛，非常舒服地趴在涼涼的地板上，閉著眼，放空一切，似乎進入無法形容的時空當中。也不知為何，我直覺知道，這一定有其深遠意義。一定是在提示我什麼。

從來沒有想到就從 2015 年 3 月開始，老子從 N 維宇宙傳訊給我，讓我體驗了天人感應事件。

不記得是 3 月的哪一天，就在清晨已醒時分，正躺在床上冥

想之時，突然道德經的句子自動湧進腦子：「道，可道也，非恆道也。名，可名也，非恆名也。」

我一時驚訝，怎麼回事？不是一般熟悉的「道可道，非常道。名可名，非常名」嗎？因為我不是文史哲背景，更不是專門研究道德經的人，也只好在驚訝過後，也就沒當作一回事。

沒想到第三天訊息又來了，這一次是「人，法地地，法天天，法道道，法自然」，不是國語發音，很像台語。我又在曚曨中驚醒，不是「人法地，地法天，天法道，道法自然」嗎？這是怎麼回事。

道德經文句自動湧進腦子的現象，從此每三天一次，都在清晨，自然而然就自動湧入大腦，句句非常清楚，似乎是故意進入我的腦中。當時自己也不會想到是一件曠古的天人感應事件，也沒有想到演變到後來竟然成為 2500 年來老子學術思想的重大事件。

到了 6 月，有一天突然不自覺地，老者形象出現了，同時進入腦中一股信息：「替我重寫！」

怎麼會這樣？我立時發出意念回復：「我不是文史哲人，也沒讀過整本道德經，更沒有研究過，如何能寫？出版後一定會被文史哲學術界抨擊，不行。」

但是在透過往後的信息傳輸過程中，卻發現原本陌生又認為難懂的一些道德經字句，很自然很清楚地就呈現出本意，馬上知道要如何詮釋，可是我根本沒讀過道德經，不知有這些句子，但

清清楚楚的理解就這樣自然產生了。

　　我只好相信，這是老子在 N 維時空傳輸給我的信息。一時內心非常複雜，也不知該怎麼辦？

　　有一天清晨，曚昧中，我忽然明白了。老子的信息託我必須要幫祂還原當年寫作的原文思想。事實上，我是在透過「被傳輸」的過程中寫作本書的。所以在此必須說明，這些都不是我個人辛苦研讀道德經數十年的理解，而是自然產生的。

　　我相信，這正是老子在宇宙 N 維時空中傳輸給我的信息。甚至，以前也沒有聽過哪位學者專家說過要用「河洛話」來讀道德經，兩岸學者都用國語（普通話）在讀與解釋。

　　但在傳輸信息給我的過程中，經常出現用河洛話頌讀的指示，由於我是道地台灣宜蘭人，從小就與父母講台語，40 年前研究佛經時也順便研究古漢語，因此用台語一讀，韻味全出，意義全明，令自己也拍案叫絕。

　　後來我開始向宇宙時空中的老子發念頭：「沒有讀過道德經的人也聽過『道可道，非常道。名可名，非常名』這一句，為什麼現在傳輸給我的是『道，可道也，非恆道也。名，可名也，非恆名也』？」

　　湧入腦子的信息說：「道，宇宙規律也，人人都可用自己之認知去解讀，然而各人之解讀都非那永恆存在之宇宙規律，故『道，可道也，非恆道也』。」

　　這一下就清楚了，一般所謂「道可道，非常道」是否定句型，

一般解釋為「道如果可以道的話，就不是常道了」。但「道，可道也，非恆道也」確是肯定句型，是在說道是可以道的，但不是永恆的道。兩者意義完全相反。

信息說：「吾文字被後世篡改太多，後世斷句又有誤，令吾之思想被誤解二千多年，此時找汝協助，還原本文。」

我一直沒有答應，內心惶恐，這事情太離奇了，怎麼敢隨便答應呢。想到自己從 1975 年來迄今出版 125 部著作的生涯當中，從來都沒有想過要寫一本有關老子道德經的書，因為我不是此領域的研究者。

事件持續到 2015 年 11 月，有了下一篇〈老子如是曰〉的對話，我才答應要幫忙重寫。

於是展開次年一整年的考證工作。透過傳訊過程，記錄下老子從 N 維中傳給我的原文，不僅給了我非常震撼的感受，而且發現流傳本道德經幾乎每一則都被篡改過，這實在是茲事體大的事。

難道大家都錯讀道德經二千年？這是人類文化上的重大問題呀。有興趣的讀者可以上各種網絡，輸入「道德經 篡改」這些字詞，就會出現一大堆文章。

有一天我問：「您老的德篇與道篇從何時就被篡改了？」

信息回復：「吾於函谷關撰文後交給關令尹喜，遂西出函谷關，也不知二千年來歷經後世有多少人篡改。」

我很驚訝，若是如此，如今古籍上的各種版本都有被篡改的

嫌疑，要以何本為準？而老子那個時代，都是先用口傳再刻寫，難免同音刻成不同字，果然在後來我將各版本一句一句比對中，的確發現有此語音差異而用不同字的情況。何況竹簡在墓中待了二千多年，也會朽壞不少，不能保證完全正確呀。

就在比對漢墓帛書甲乙本時，發現內文順序也有不同，於是我又問：「這些古版本有文字出入時，如何做？」

信息說：「以最古楚國竹簡為主，楚國是當時文化學術最高之國。其次以帛書甲本為主，乙本再次之。若尚有相異，就照吾現在所傳之言為依歸，不必理會其它版本之差異。」有了這個最新的指示，我就放心了。

終於經過 2016 年整年的版本比對 ，2017 年中完成全書，於 2018 年 2 月以《老子不為（4 聲）》書名出版，沒想到市場反應不錯，很多人都說終於知道《道德經》在說什麼了。當時也舉辦了很多場演講。

值得一提的，2018 年 4 月在浙江寧波大學一場超心理學術會議上，我以《中華道學思想之超心理學實踐：老子傳訊》為題做演講。結束後，一位看起來 50 多歲的女教授走上前來問我：「這是你的研究心得嗎？」

我回答：「不是。」

她點點頭：「那就對了。」

各位看官，請停一下，深思這一段對話的深意！

就在 2018 年中，大陸一位微信上的朋友傳來一篇簡化字文

章，題目是《注意到這些變化了嗎？中國正在發生的 100 個變化，越往後讀越震驚！》。

當時我僅抱著好奇心姑且看一下有些什麼變化：(1) 阿里巴巴、淘寶、京東正在淪為傳統企業。(2) 傳統互聯網不斷擴大貧富差距。⋯⋯(6) 最貴的東西以前是地段，現在是流量，未來是粉絲。(7) 無生意可做、無工可打，正在成為事實。(8) 你再也雇傭不到優秀的人才，除非你跟他合夥。⋯⋯」

看到這裡，感覺還真寫的有道理，台灣的現況似乎也是如此。於是好奇地看下去，直到「(54) 道德經需要重新翻譯」，我嚇了一跳，怎麼會突然出現這一句？

難道這幾年我出版還原老子原文、重譯道德經的書，有更為深層的未知意義？或原本就是宇宙的安排？一時之間我的心情非常沉重。難道「天將降大任於斯人也？」

就在 2019 年中，信息又來了：「汝將吾之原文、郭店楚簡、漢墓帛書甲乙本、西漢竹簡、王弼注流傳本，做一句一句之比對。」

這是一個大工程，必須先購買搜集各出土版本的圖檔，然後以老子傳訊的原文順序，在 4 個古版本中找出那一句，再將圖檔切割下來，一一排正，並用繪圖軟件塗掉一些污點，終於在 2022 年初完成全書稿。並於 2023 年 1 月出版《德道正經：老子到底寫了什麼》，A4 大開本，設計成古書版型。出版後一時轟動，從北到南受邀演講場次很多，而且也有電台、媒體的訪問。

　　《德道正經：老子到底寫了什麼》出版時，正值《老子不為（4 聲）》已經銷售一空，當初的出版公司也因改組而不再印行。很多看到值得珍藏的新版本的大眾，紛紛表示他們不是研究者，只想很輕鬆的閱讀，是否出版簡單的版本。

　　因此就有了本書的規畫與出版。而為了呈現生動活潑的表述，內文採用劇本的對話方式，讓讀者在老子與我對話的情境中，能產生身歷其境的感覺。

　　在此必須說明，(1) 這三本道德經重譯的書能出版，並不是在挑戰當今的文史哲學界。(2) 我從來沒有讀過道德經，這些書不是我數十年研讀道德經的心得。(3) 能出版也不是我的功勞，而是「老子之存有（Being of Laozi）」在 N 維宇宙時空透過天人感應方式，還原祂當時寫作五千言的本意，讓大家能夠讀懂，希望此後世人別再錯讀道德經，對他產生誤解。我呂尚只是一個載體而已。

　　在整個過程中，我自己也感悟良多，獲益良多，謹此感謝太上老君的栽培。

老子如是曰

老子：呂尚呀，汝有想過否，我與悉達多、孔丘三人，皆是同時
　　　代之人哪！

　　　（「汝」古音 lì 或 lù，「有否」古音 wu-bo，「我」古音
　　　guà 或 góo，通「吾」，和台語發音完全相同）

呂尚：有想過。我研究佛教經典、論語、先秦文獻時，就想到依
　　　據史料，您老約出生於公元前 571 年。悉達多太子也就是
　　　後來的釋迦牟尼，約出生於公元前 560 年。孔丘約出生於
　　　公元前 551 年。您老年長悉達多 11 歲，悉達多年長孔丘 9
　　　歲。您們就是同時代相差 20 年的人。

老子：那麼道學、佛學、儒學三家學說思想，影響全球人類迄今，
　　　在地球上，沒有其他學問能比。此為歷史巧合？亦或天意
　　　安排？

呂尚：我絕對相信此種空前絕後的偉大思想，絕對是上天有意的
　　　安排，不是您們三位的個人修為，也不只是您們三位的人
　　　生體悟而已。而且，您們都沒有師承，卻能在東方留下千
　　　古不易的偉大思想！

　　　我認為您們三位的思想，必然有大家所未知的來處，我研
　　　究飛碟學及宇宙文明 50 年，堅決相信您們的智慧來自宇
　　　宙高維智慧體，這是宇宙留給地球人的曠世大禮！

老子：哈哈，是矣是矣。我找汝正有畫時代意義。現今之流傳本

道德經，非我原來文字，篡改太多，又錯亂順序，真意全
失。汝要幫我還原正確思想，還原我所寫之宇宙真理，此
為恁當代大事！

（「恁」古音 lin，指「你們」，台語就是如此發音）

呂尚：大陸學者朱元培老師甚至說，「目前市面上流行的道德經
有 99% 是被篡改過的版本」，但我不是文史哲學者也不是
宗教學者，如何承擔？

老子：切勿妄自菲薄。也就是因汝非傳統文史哲學界與宗教界人
士，才會找汝呀。我的學說必須透過汝之宇宙生命科學之
獨特認知，方能還原我當時文字之本意。

呂尚：惶恐，惶恐。

老子：還有，後人把道德經當做道教學說，但我所處當時根本沒
有道教呀！道教是東漢以後之事，當時佛教傳入，若干方
士在外來宗教影響下，把我的學說思想和巫術揉合起來，
逐漸發展，才成了道教。道教不等於道學呀！

呂尚：是的是的。

老子：還有，不少後世學者習慣引孔丘《易傳》所謂「形而上者
謂之道，形而下者謂之器」，來妄稱我的道是「形而上之
道」，非也。孔丘學說在我之後方才成形。我所言之道不
在萬物之上，不在萬物之下，亦不在萬物之間，而是充沛
於萬物之中，無上下，無對立，無內外，無所不在之存在。

呂尚：這，太精彩了，一言以蔽之，就是如此。

老子：還有，後世學者常將我的思想說成「老莊」，這亦實在不懂我，亦不懂莊子呀！莊子在我之後二百年，為不同之兩派學說。到了魏晉南北朝，清談學家無事閒聊，將莊子說是繼承和發展我的思想者，才將我兩人之思想扯在一起，胡亂解譯，使得後人以為「老莊思想」是在一齊的，卻永遠見不到我思想之真義。

呂尚：原來「老、莊」連用是錯誤的。您老這一說，完全顛覆學界的固有看法，我也不能多說什麼，只有忠實地記下來，讓大家自行思考吧。

老子：是矣。所以我若找文史哲學界人士來寫作此書，能有用否？他們的思維已經固化，不啻要推翻他們一生之研究心得，誰有此膽量？故找汝方能幫我還原呀！

呂尚：我還是惶恐呀。

老子：我在高維世界觀察汝久矣。理工出身，懂物理學、核子理論、天文學、相對論、量子物理，不僅有紮實之自然科學理論基礎，又喜歡國學，能用文言撰文，又建構獨特之宇宙生命科學、心靈科學、生死學等理論體系，汝之學術領域跨越甚多學門，各領域亦多有書籍出版，能成一家之言，旁人莫能及，何必惶恐！

呂尚：這……（此時我很惶恐，難道他真的在宇宙高維時空觀察我很久了，那，我不是全透明了，恐怖呀！）

老子：還有，後世學者把我的文字當做高深的哲學思想在研究解

釋，也是錯誤的。

呂尚：難道不是嗎？

老子：非也非也。後世學者依據篡改誤字極多的王弼版本，段落順序也被後人胡亂挪移，導致我的思想與敘述邏輯變得支離破碎，因此無法解釋，便認為我的思想很高深，全然不是如此。我只是用當時語言寫出讓人人淺顯易懂易行之文字而已，非高深哲學思想。他們全是受王弼版本所誤導呀。

呂尚：這，我也時常在想，您老應該不是在標榜高人一等的哲學思想，而是在寫非常淺顯的做人處事以及讓大家能懂德與道的簡單文字，這樣才有流傳萬古的意義，不然寫成高深難懂，一般人看不懂，有什麼意義呢？還要靠別人解釋，就會融入別人的思想，有時意思還會被誤導。

　　又加上古代沒有標點符號，導致後世斷句也出現很大出入，整個思想就不一樣了。您老也說到重點了，我也發現流傳本的分章根本不合理，段落也奇怪，不知為何被分成81章，文字結構也大有問題。

老子：善哉，繼續。

呂尚：讀道德經，劈頭第一句便看到：「道可道，非常道，名可名，非常名」，這是非常奇怪的，您老對「道」是什麼還完全沒有介紹和解釋，就開始說「道」。而後在第25章才說「有物混成，先天地生……」，這一段才在介紹「道」是什麼及其性質。所以，這一段話應該放在最前面才對。

老子：汝之邏輯思維完全正確，我當時先寫「為人之德」，再講「宇宙大道」，此有邏輯順序，沒想到後世將兩篇顛倒，改稱道德經，差矣差矣。然後，不知何人又把二篇拆分成81則，又胡亂變動順序，害得後人讀不懂呀。

呂尚：一般寫文章，會將相同主題寫在一起，但我發現「道」這個主題，在德篇裡頭也有，又分散到好幾章去。我就在懷疑，這真是您老的本意嗎？

老子：當然不是，一方面是錯簡了，二方面是被搬移了。

呂尚：大家也都認為您老是無為、不爭，講究靜。

老子：我並非在談「無為（2 聲）」而是「無為（4 聲）」，亦即積極的「不為任何目的」，卻被後世曲解成消極的什麼都不做，非也非也。所以汝必須還原我的本文。

呂尚：大家都認為您老是一位大學問家，也是智慧者，相信您老寫此文時，結構一定嚴謹，定有邏輯層次。

老子：我當時一氣呵成，先論做人最基本之德，再談做人、做事，後論宇宙大道，再談聖人、治邦，有完整之思維順序。後世儒家與統治者篡改我的文字，又胡亂切割，亂編一通，更把我扣上無為、消極、不爭、清靜，錯矣。

呂尚：是的。也造成現在的年輕人都覺得道德經很難懂，不知在講些甚麼，所以讀的人很少了。

老子：故我才要汝來做還原工作。從今天起，不用理會市面上各個流傳本道德經，我來講解真正之順序，汝幫我用現代話

詮釋，還原我的正確思想。

呂尚：是，是。

老子：我早說過「我言甚易知也，甚易行也」，並不難懂呀。從今起，有緣有幸之人讀了此書，就會真懂我在說什麼了。甚易甚易也。

呂尚：是的，是的。謝謝，謝謝。

老子此人

老子，一說姓李，一說姓老，一說姓利，名耳又或名貞，字聃，世人尊稱為「老子」。唐朝追認李聃為李姓始祖。他的確切出生地不詳，最早出於司馬遷《史記老子列傳》，記載老子的出生地是在楚國（原陳國）苦縣厲鄉曲仁里，今河南省鹿邑縣。此後各種史書也沿用之。

老子實際出生年代也不詳，有說生於周幽王 10 年，也有說出生於商朝武丁庚辰年，學界考據約生活於公元前 571 年至 471 年之間。

《史記‧老子列傳》稱老子為「周守藏室之史」，守藏室是周朝典籍收藏之所，以現在話說就是在周朝首都洛陽管理周朝官方藏書及檔案，由於守藏室集天下之文收天下之書，老子處其中，得以博覽泛觀，以至通禮樂之源，明道德之旨，造就其博大宏偉思想。

《史記老子韓非列傳》中記載，孔子多次從魯國國都（山東曲阜）千里迢迢趕到洛邑（河南洛陽），向老子請教禮樂等問題。孔子 50 歲時問禮於老子，然後說：「五十而知天命。」

約於公元前 478 年 9 月某一天，93 歲高齡的老子眼見周朝衰敗，即辭官歸隱，西行去秦國。經過函谷關，關令尹喜通過占卜，預知會有神人從此經過，就命人清掃 40 里道路迎接，老子果然來了。

尹喜曰：「先生您要隱居，以後聽不到先生之教誨，就請先生勉為其難著書傳世！」遂趕忙將老子請進屋內，誠心請老子在此歇息幾日，並向他求教學問。

老子才華獨步當時，卻沒有在中原一帶傳授什麼。此時知道尹喜命中注定該得他的思想精華，遂在函谷關做短暫停留，揮筆寫了五千字。

之後，老子西出函谷關，背身騎牛過流沙西去，消失在蒼茫天地之間。至此，老子便淡出世間，也淡出歷史典籍。他去了哪裡？沒人知曉。（另據傳聞，老子可能先入蜀、再入藏、最後去梵。）

老子在留下的五千字之中，先言德，再言道，他知曉宇宙萬物有一個共同的本源法則，但不知其名，姑且勉強稱之為「道」。以現代宇宙論觀之，可以說，老子是全世界第一位有系統論述宇宙起源及宇宙規律的聖人。

在此要特別說明，周朝首都在洛陽，老子當時的中原人都是講河洛話，不是今日的國語普通話。由於歷代遭遇五胡十六國、南北朝、五代十國、遼夏金等的入侵，很多中原人避難南遷到福建，所以福建、廣東的閩南話、客語、粵語保留不少中原古音，後隨鄭成功來到台灣，成為台語，事實上台語就是保留中原古語最多的語言。

因此，用保留河洛古音的福建話與台灣話來讀老子原文，如「微 be、希 he、夷 yi」與用台語來唸「爭、情、靜」，方能體會老子用字音韻之美。

出土版本證明流傳本篡改很多

《老子》五千字原本是一篇沒有分章節分篇名，一氣呵成作的作品，為當時諸子百家所共仰的著作。可惜二千多年來找不到原文。

目前市面最為流傳的有河上公注的道德經與王弼注的道德經。

然而沒有人知道河上公是誰。在葛洪《神仙傳河上公》上寫著：「河上公者，莫知其姓字。漢文帝時，公結草為庵於河之濱。」而漢文帝劉恆年代在公元前203年至157年，迄今2200年，距老子約270年。

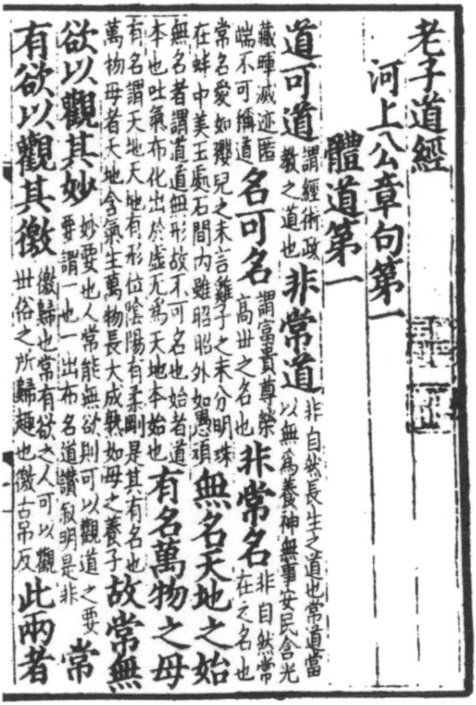
老子道經
河上公章句第一
體道第一
道可道 謂經術政教之道也 非常道 非自然長生之道也常道當以無爲養神無事安民含光藏暉滅迹匿端不可稱道 名可名 謂富貴尊榮高世之名也 非常名 非自然常在之名也常名愛如嬰兒之未言雞子之未分明珠在蚌中美玉處石間內雖昭昭外如愚頑 無名天地之始 無名者謂道道無形故不可名也始者道本也吐氣布化出於虛无爲天地本始也 有名萬物之母 有名謂天地天地有形位陰陽有柔剛是其有名也萬物母者天地含氣生萬物長大成熟如母之養子 故常無欲以觀其妙 妙要也人常能無欲則可以觀道之要要謂一也一出布名道讚叙明是非 常有欲以觀其徼 徼歸也常有欲之人可以觀世俗之所歸趣也徼古吊反 此兩者

圖一：河上公注版本

到了三國時期，魏國玄學家王弼（公元226至249年）也注釋了一本道德經，成了後世最流傳的版本。但是王弼在世只有23歲，算他在22歲時注道德經，距離老子也有7百多年，因此他的《道德經注》有多少真實？歷代也有不少學者在質疑是否忠於

老子原文？

百度百科「河上公章句」有說：隋書經籍志著錄曾注《老子道德經》二卷。此注分老子為八十一章。今傳《道德經》分章標目本，即始於河上公。

可見河上公之前的道德經版本只有二篇，並沒有分81章。

清《四庫全書》曾提：「此本（指收錄在四庫全書內的王弼注本）即從張氏（明萬曆中華亭張之象）《三經晉注》中錄出，亦不免於

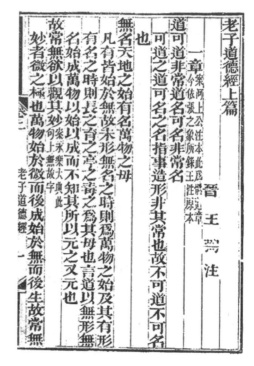

圖二：王弼注版本

脫訛，……後有政和乙未晁說之跋，稱文字多謬誤。……考陳振孫《書錄解題》尚稱不分道經、德經……安知其他無妄加竄定者乎？」

前段提到的「晁說之跋」，用白話來講是這樣質疑的：「王弼《老子道德經》二卷，真是得了老子之學嗎？嗚呼，學其難哉！王弼知道自己所注的『佳兵者不祥之器，至於戰勝，以喪禮處之』並非老子的話。『乃不知常善救人，故無棄人；常善救物，故無

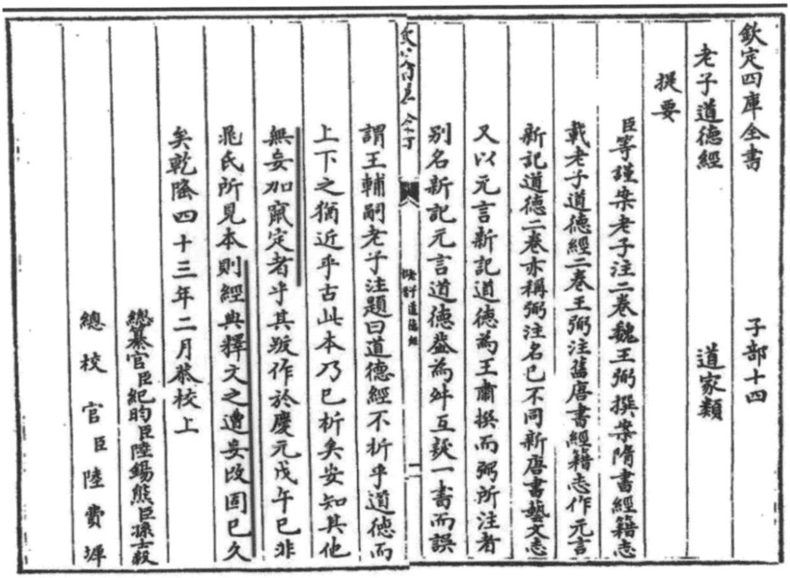

欽定四庫全書　子部十四

老子道德經　道家類

提要

臣等謹案老子注二卷魏王弼撰隋書經籍志
載老子道德經二卷王弼注舊唐書經籍志作元言
新記道德二卷亦稱道德旨注名已不同新唐書藝文志
別名新記元言道德益為牴牾從一書而誤
謂王輔嗣老子注題曰道德經不析乎道德而
上下之稱近乎古山本乃已析失安知其他
無妄加竄定者半其版作於慶元戊午已非
飛氏所見本則經與釋文之遭妄改固已久
失乾隆四十三年二月恭校上
　　總纂官臣紀昀臣陸錫熊臣孫士毅
　　總校官臣陸費墀

圖三：四庫全書提要

棄物』也是古本所沒有的。……他的文字則多謬誤，近乎有不可讀的，令人惋惜呀！」

北京大學樓宇烈教授在校釋王弼注本時，說：「《道德經》一書在其流傳過程中不斷有後人增刪、意改，而在其傳抄、刊印過程中又時有衍奪錯植等發生，從而形成了《道德經》一書極其複雜的版本問題。」

也有學者認為漢代獨尊儒家之後，把眾多秦以前的夏商周上古華夏文明的「根文化」拋棄，同時也拋棄了黃老文化，《老子》五千言文字也被大量篡改與編修，影響了之後 2500 年對《老子》的認識。

可見現今的流傳本《道德經》在歷史長河中，不斷有後人增刪或篡改，又在傳抄刊印的過程中時常錯植文字，到了王弼時，又按照他自己的玄學理念進行段落錯綜與文字篡改，把基礎和結果進行了一個顛倒，只剩下了難懂的哲學思想。

中國當代國學教育名家熊春錦教授等人，在大陸各地展開經典誦讀推廣時發現，凡是誦讀今本《道德經》的孩子，很容易厭世，在孩子們身上表現得非常的明顯。因為過早把「道」告訴他，使他進入一種空靈的境界，精神系統飄到半空中，就會覺得人世間的一切都是厭惡的，是應該拋棄的。包括不少年輕人與大學生，如果執著地去誦讀學習流傳本《道德經》，都有這樣一種心理改變。

可見流傳本《道德經》與古本老子思想差異很大，這已是當今學術界有目共睹的事實，很多大陸學者也有了非常系統的新研究。

有幸在二十世紀末，出土多種更古老的版本，讓大家有機會還原老子真本文字，回歸老子本意，方對得起老子！這也是天意！

1973 年 12 月，湖南長沙馬王堆漢墓出土大批珍貴文物，最令學術界驚喜的是出土 30 多種帛書和竹木簡，抄寫年代約在戰國末期秦朝統一天下，以至漢初的 2,30 年間。其中最令人震撼的是帛書中有老子兩本，分別稱為甲本乙本，抄寫年代都已超過 2000 年。

　　甲本文字介於篆隸之間，把「德篇」放在「道篇」之前，文字沒有避諱漢高祖劉邦的「邦」字。因此可以考證，甲本年代應是在漢高祖劉邦即位之前的秦代或戰國末年，約公元前 200 年，距老子約 270 年。迄今最少 2260 年。

　　乙本文字是隸書，避諱「邦」而改為「國」，沒有避諱漢文帝劉恆的名字而將「恆」改為「常」，考證乙本年代應在漢高祖劉邦即位之後，漢惠帝即位之前，約在文帝、景帝之間，約公元前 170 年，距老子約 300 年，迄今大約 2170 年。這個版本也是「德篇」在前，「道篇」在後。

　　1993 年 10 月，在湖北荊門郭店楚墓出土竹簡老子，比馬王堆帛書本的年代又早了 1 百多年。經過學者整理，郭店楚簡老子成書年代約在戰國中期的公元前 300，距老子約 170 年，迄今約有 2300 年。是目前出土最早的版本，也是「德篇」在前「道篇」在後。但它是摘抄本，字數只有今本的三分之一，也有不少殘缺處，幸好可以由馬王堆帛書兩本比對填補。

　　北京大學於 2009 年初接受捐贈，從海外搶救回歸的一批西漢竹簡《老子》，現存竹簡 221 枚，5300 百餘字，其殘缺部分僅 60 餘字，是迄今保存最為完整的老子古本。約公元前 90 年，距老子約 380 年。

　　此版本分為 77 章，與傳世的今本 81 章不同，保存了完整的篇章結構，而且這批竹簡老子的背面寫有「老子上經」和「老子下經」篇題，是老子書名在出土簡帛中的首次發現。也把德篇置

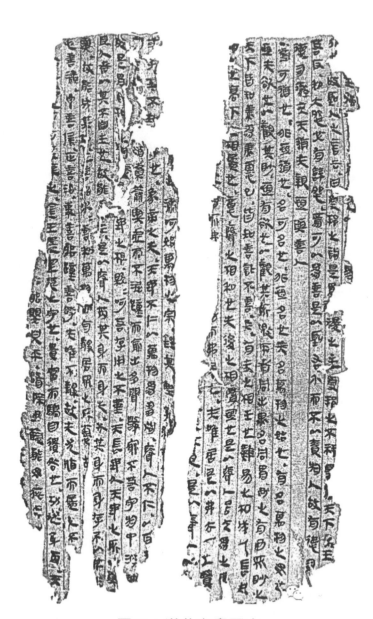

圖四：漢墓帛書甲本

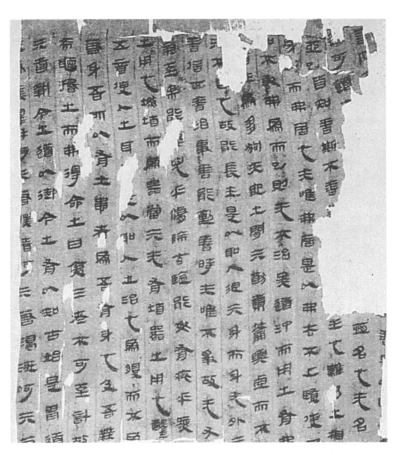

圖五：漢墓帛書乙本

於前，道篇置於後。

　　這四個更古老版本在時間上都比流傳的王弼版本更接近老子
所處的春秋戰國時期，依大陸學者羅勤教授說：「越是接近原書
時代所刊刻之版本，由於其翻刻的次數較少，錯疏也少，因而所
翻刻之書的保真越可靠。」

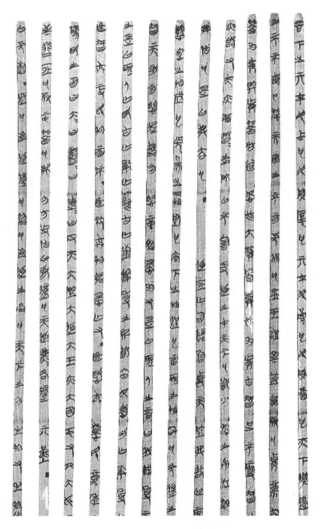

圖六：郭店楚簡

　　高明教授也說：「近古必存真，因而較多地保存老子原來的
面貌。」這些更古版本的出土，幾乎完全彌補了流傳本的缺失，

圖七：西漢竹簡

也澈底還原了老子思想的原貌。

終於經過 50 年，海內外學者比對更古版本並研究之後，證實了現今流傳本道德經謬誤極多。使得老子原來的思想體系遭到後世扭曲、嚴重破壞。這已是不爭的事實了。也造成幾乎所有人一說到道德經，都會湧起很深奧的感覺。

在經過老子的天人感應宇宙傳訊，整理完老子原文之後，我

恍然大悟，因為流傳本道德經與老子原文出入極大，幾乎每一章都被篡改了一些文字，所以讀不懂。

事實上，老子原文根本不深奧，也不是高深哲學，而是非常淺顯易懂的以「德」與「道」二字來闡述德性、做人、做事與天道、聖人、治國方略。

我花了不少時間一一比對老子原文與流傳本，發現老子原文用了 182 個「也」字統統被後世刪掉，德篇改了 663 字，道篇改了 594 字，總共有 1439 字的差異，全文 5217 字，占了 27.5%。又加上把原本兩篇文章拆分成 81 章，再把 81 章順序搞亂。後世也有不少斷句錯誤，所以變成了現在大家看到的流傳本道德經模樣，當然就變成很深奧了。

「百度知道」欄目內有〈是誰篡改了老子的道德經〉一文，提到：「如果道德經被篡改得到證實，那麼這說明我們已經誤讀了道德經二千年。試想，如果我們闡釋的老子思想來源於篡改過的文本，那二千年來各種道德經的闡釋和注解還有什麼價值呢？」是的，這是值得深思的問題。

也希望所有道德經老師能夠重新思索老子原文的重要性，不要再用王弼版本來誤解老子思想了。

德篇

論德

> **上德不德　是以有德**
> 高尚品德的人不會執著於表現自己有德性 所以是有德
> **下德不失德　是以无德**
> 品德低下的人執著於表現有德性的樣子 所以是无德
> **上德无為**（4聲）　**而无以為**（2聲）**也**
> 高尚品德的人不會以私心去做事 做了還認為沒有做呀
> **上仁為**（4聲）**之　而无以為**（2聲）**也**
> 仁慈心高的人雖有目的去做事 也還認為自己沒有做呀
> **上義為**（4聲）**之　而有以為**（2聲）**也**
> 義氣高的人雖有目的地去做 也還會記得自己有去做呀
> **上禮為**（4聲）**之　而莫之應也　則攘臂而扔之**
> 懷著禮貌去做 對方卻沒有回應呀 就不理會而自行離去

老子：我當年寫文章是從做人最基本之「德」談起。此為做人最
　　　基本之要求。我也詳細說明「德」之層次與重要性，所
　　　以第一句為「上德不德，是以有德。下德不失德，是以无
　　　德。」

呂尚：很多人弄不清楚為何「上德」的人「不德」？應該很有德呀。

老子：我原文用了83個「无」字，只用5個「無」字，但流傳
　　　本將全部的「无」改為「無」，簡化字又全部改為「无」，
　　　我分別用「无」和「無」有不同深意呀！

呂尚：我查《說文解字》《康熙字典》，說「无」是古字，孔子
　　　的《詩、書、春秋、禮記、論語》都用「无」字。後來秦

朝改用篆字，就變為「無」，但《易、周禮》還是用「无」。但《論語》有「亡而為有，我獨亡」，在變為隸書時，誤認為是「存亡之亡」，所以沒有改為「無」。到底，您老當時「无、無、亡」有何分別？

老子：我在道篇有寫，「无，名萬物之始也；有，名萬物之母也。」「无」指「萬物之始」的狀態，是在描述萬物源出「之前」的階段。「有」是指「萬物之母」的狀態，是在描述萬物源出「之後」的階段。

呂尚：有意思呀，第一次聽到。萬物源出之前是「无」，萬物源出之後是「有」，依照現代宇宙科學所知，宇宙誕生時是能量態，萬物還沒有形成，所以「无」應是在指宇宙混沌初始的能量狀態，不是沒有的「無」」

老子：「無」指沒有。「无」指看不見的有，「亡」則是指本來有，後來沒有的轉變。

呂尚：我想到了，佛經也有「色空」的說法，似乎道理相同。

老子：了解「无」之後，才來談談我寫的「上德不德，是以有德。下德不失德，是以无德」就容易理解了。「上德不德，是以有德」，指品德高尚之人，不會執著於表現自己一付有德性的樣子，他做了許多善事也不會想讓大家知道，不執著於表現德性，所以說「上德不德」。

呂尚：原來如此，這樣解釋就通了。

老子：「下德不失德，是以无德」，品德低下之人就不同了，一

且做了點善事，就到處宣揚，恐怕別人不知道，一心執著於要表現出一副有德性的樣子，所以是「无德」，非「無德」。「无」指他還沒有做善事之始的狀態，也就是說下德之人雖然做了善事，還是等於未做善事，此即「无德」之意。

呂尚：所以「無德」是指沒德性。「无德」不是說沒德性，而是有做沒做都沒有功勞。

接著是「上德无為，而无以為也。上仁為之，而无以為也。上義為之，而有以為也。上禮為之，而莫之應也，則攘臂而扔之。」我發現流傳本多了一句「下德為之而有以為」，如果要講「下德」，那麼後面也必須要有「下仁、下義、下禮」吧。

老子：是矣，「下德」那一句是後世多出來的。這一段正確順序是講「上德、上仁、上義、上禮」。還有，有沒有注意到，前四句都以「也」字結尾，這是有音韻的尾音。可惜流傳本《道德經》全刪了。

呂尚：確實，流傳本都沒有「也」字，請解說。

老子：「也」字並非不重要之語尾詞，非發 ye 音，發 ya 音。用「也」字結尾，是有韻味的中原河洛話尾音。我那時代之口語發音，並非你們現代的什麼國語普通話呀，而是河洛話，保留在當今福建話、台語裡面最多。

呂尚：確是確是，台語正是如此發音。

老子：你用台語唸唸看，「也」字的河洛音就是 ya，稍微拉長音，有抑揚之感呀。後來造出來的「呀」字，就是我那時代用的「也」。

呂尚：我是台灣人，知曉河洛古音保留在台語中。您老的經文以及佛經的咒語，用台語來唸，韻味十足，絕對不是當今的普通話或國語能比。

老子：「是否？是也！」聽起來很文言，很有學問的樣子。其實，我那時代口音就和你們用台語唸一樣，你用台語唸唸看。

呂尚：「是否？是也！」用台語唸就是 si bo？si ya！非常通俗的口語，大家都是這樣講的，問「是否 si bo？」，回答「是呀是呀！（si ya！si ya！）」，連小孩也會講，原來就是古文言的「是也！是也！」精彩了。

老子：希望會閩南話與台語的人，今後改用河洛古音來唸我的文字，體會我遣詞用字之美 ya！

呂尚：我也喜歡研究古漢語，早就認知唸唐詩也要用台語唸，才會有佳韻。這我能理解。

老子：而且這個「也」字 ya 音，在朗讀時能啟動先天腎氣，能同步進行體內精氣神的調動，沒有修行經驗之人很難理解。將「也」字全部刪去，將我們古人誦讀之核心靈魂喪失了。

呂尚：發 ya 音還有這個深層意義，真學到了。

老子：還有很重要的「上德无為」，這個「為」字要讀 4 聲，是

指「不為什麼目的、不為個人目的」，不是 2 聲「無為」的「不作為」。

呂尚：哎呀，一音之差，意義全差。一差就差了二千多年，哀哉。

老子：所以，我通篇講「无為、无知、无欲、无德」等等，非指「不作為、無知、沒有欲望、無德」，統統是指這些事情始發之時的狀態。

呂尚：所以您老不是談「不作為」的「無為（2 聲）之學」，而是「无為（4 聲）之學」，就是宇宙源始之道的學問。唉呀，如今若不是您老親自解說，世人還真是不理解呢。

老子：不過，在此我也要順便澄清一個後世二千多年的錯誤解讀。後世所有研究我思想之學者，都把我的積極思想解釋成「無為、無欲、不爭」，認為我是消極人士。錯矣錯矣！那不是我那個時代華夏文化的精神。

呂尚：可是華夏文化沒有流傳下來，現在看到的古書全是孔子所整理，像是《易傳、尚書、春秋、詩經》等，孔子之前夏商周文化古籍統統沒有流傳下來，何以如此？

老子：大哉問。上古華夏文化是傳承自宇宙天道，當時之人都在天人合一之境界內，思想自由奔放，行為自在逍遙，就是絢爛多彩的黃金時期，高等文化就是神傳文化。當時，人民非常鄙視僵化的禮儀規範，因為大道生人，不是要約束人，而是要給人充分的揮灑空間，根本不是孔丘宣揚的封建禮儀。

呂尚：孔子的思想核心是仁和禮，講仁者愛人，己所不欲，勿施於人。但是讀《論語》也會發現這種「仁」是有等級的。「禮」也分為天子、公、侯、伯、子、男不同的等級，強調不能逾越。而且，孔子認為貴賤有序，親疏有別，君君臣臣、父父子子的關係是恆定的，這是僵化的封建思想。

老子：哈哈，呂尚，你很清楚呀！

呂尚：體會到了，很精彩。所以您老的順序是「德、仁、義、禮」，一定要先有「德」，才能續談其他。

老子：人無德性，一切免談。所以接著我說「上德无為而无以為也。上仁為之而无以為也。上義為之而有以為也。上禮為之而莫之應也，則攘臂而扔之。」此處「无為」之「為」要讀4聲。必需明白「无」是指萬物初始狀態，混沌一片，象徵「沒有私心、大公無私、坦然存在」的狀態。此觀念很重要，所以我要再度說明「无為」的真諦，其含義是：探索事物起始狀況之作為，打破沙鍋問到底之作為，是積極研究精神之作為。

呂尚：所以，4聲的「无為」是無私、積極的奉獻精神，不是2聲的「沒有作為」。

老子：「无為」是講「不存私心、不存目的、去做任何事」。此為積極思想，不為己利之目的，才是真無我。故「上德无為（4聲）而无以為（2聲）也」，是說品德高尚之人，不會為私心目的，而是用坦蕩心胸去做任何事，他做了很

多善事，都不放在心上，還認為自己沒做。

呂尚：精彩精彩，這樣就很清楚了。

老子：「上仁為（4 聲）之而无以為（2 聲）也」，是說最有仁慈心之人，雖然是有目的地去幫助他人，但也沒有分別心，也不會放在心上，還以為自己沒有做。

「上義為（4 聲）之而有以為（2 聲）也」，有義氣的人就不同了，他是有目的地去做，而且也認為自己有去做。

「上禮為之而莫之應也，則攘臂而扔之」，這裡的「為」讀 2 聲 4 聲都可以。指有些人以為自己很有禮貌地去做，若是對方沒有回應，就很不高興，於是甩了對方手臂而離去。

呂尚：太精彩了，哎呀，如此都懂了。在這裡我順便補充一下，「人不為己，天誅地滅」這一句，大家都讀 4 聲為，認為人要為自己，大誤矣。此處要讀 2 聲為，「修為」的意思，正確意義是「人不修為自己，會被天誅地滅的」，一音之差，意義完全相反。

故失道而后德
所以 失去大道只好強調德性
失德而后仁
失去德性只好強調仁心
失仁而后義
失去仁心只好強調正義
失義而后禮
失去正義只好強調禮儀
夫禮者 忠信之泊也
禮儀這個東西 是忠信的依靠呀
而亂之首也
再沉淪下去就是禍亂的開始呀
前識者 道之華也
有這些認知的人 只追求道的華麗外表呀
而愚之首也
就是愚昧的開始呀
是以大丈夫居其厚　而不居其泊
所以大丈夫會謹守忠信本質 不會淪落到需要有所依靠
居其實　而不居其華
會謹守實相 不會去守浮華表相
故去彼取此
所以要去除浮華而取實相

老子：我接著寫「故失道而后德，失德而后仁，失仁而后義，失義而后禮。」

呂尚：慢點，順序是「道、德、仁、義、禮」，此處多了一個「道」，表示道、德、仁、義四者沉淪之後，最終才是用「禮」來規範。

老子：正是。你很明白。

呂尚：這樣就看出來「道、德、仁、義、禮」是有順序的，最高
境界是「道」，最低層次是「禮」了。那麼，一般說的「五
常」是「仁義禮智信」，與這有關吧？

老子：問得好。「后」是「後」之古字。我說「失道而后德，失
德而后仁，失仁而后義，失義而后禮」。失去了道只好講
德，失去了德只好講仁，失去了仁只好講義，失去了義只
好講禮。此順序是「道德仁義禮」，五常說「仁義禮智信」
補充了失去禮之後的「智信」。也就是說，失去了禮只好
講智，失去了智只好講信。「誠信」是最後的關卡。

呂尚：這也是失道、失德、失仁、失義的沉淪呀。不講宇宙大道，
不講德性，不講仁心、不講正義，最後淪為只講禮儀規範。
所以最完整的順序應該是「道、德、仁、義、禮、智、信」，
道為一切之上，最為重要，德其次，缺德就開始沉淪。可
惜後人只會講「仁、義、禮、智、信」，把最高的「道、德」
二字給忘了。

老子：所以黃金時代光輝燦爛的華夏文明開始衰退了。

呂尚：大家都知道春秋戰國時期，百家爭鳴，各國思想家都提出
自己的策略方針，蔚為風采。大約 300 多年間的學者是各
尊各道，沒有統一的思想。

到了漢武帝，為了維護他政權的權威，所以在元光元年
（公元前 134 年），採納儒生董仲舒的建議，「罷黜百家，

獨尊儒術」，從此獨尊孔子整理的六部書，儒學成為政權的核心思想，成為支配中國二千年的思想。

老子：此即是華夏黃金文明之末日。

呂尚：孔子整理詮釋的《詩經、尚書、禮記、周易、樂經、春秋》六部成為當今最古書籍。我也質疑過，有人說他是為了推行自己的學說，重新整理詮釋六經，而把其他典籍毀了。實在不知要如何評論其功過？也因此使得光輝燦爛的上古華夏文明開始衰退，階級固化的儒家思想開始統治人的思想。已衰退 2500 多年了，如何振作？

老子：我當然知真相，說來也話長，但已是 2500 多年前之事了，追究也無用。我也不想在此談這些，就看你們當代後世之人有沒有智慧去恢復華夏文明了。

呂尚：我也有一些來自宇宙高靈的信息，知道華夏文明衰退的原因，但是不能講呀。算了，還是回來說說您老的思想吧。接著是：「夫禮者，忠信之泊，而亂之首也。」

老子：後世把「泊」篡改為「薄」，差矣，「薄、泊」意思全然不同！「泊」是「停靠、

通行本	西漢簡	帛書乙
薄	淺	泊

倚靠、依靠」之意，我意指禮儀規範是忠信之依靠，再沉淪下去就是禍亂之開始。

呂尚：沒有錯，在帛書乙可以清楚看出是「泊」，西漢簡改為「淺」，流傳本就變成「薄」，意思全錯了。下一句「前

識者，道之華也，而愚之首也。」

老子：從此時開始，有知識者就開始競爭了。就像花一樣，只擁
　　　有華麗的外表，卻是愚昧的開始。

呂尚：「是以大丈夫居其厚，不居其泊，居其實，不居其華。故
　　　去彼取此。」

老子：此言指真正了解這些事理的人，會謹守忠信局面，不會淪
　　　落到需要有所依靠。

呂尚：確實，做人處事只依靠「道、德」即可。

老子：「居其實不居其華。故去彼取此」，指會謹守實相，不會
　　　守表相浮華的作為，所以要去除虛華而取實相。

　　　這裡我又要說一說了，你們看看春秋戰國時代，百家爭
　　　鳴，人才輩出，學術思想鼎盛。此時的華夏文明自由奔放
　　　之思想，與後來孔丘儒教僵化之教條格格不入。當時之學
　　　者及君王都很鄙視孔丘不講道與德，只講「仁義禮智信」
　　　那一套僵化教條，所以他周遊列國，沒有任何君王採納，
　　　真正原因在此。

呂尚：這真是顛覆 2 千多年來的大思想。不過想想也確實，我們
　　　號稱華夏 5 千年，但正式編年史還不到 3 千年，之前的黃
　　　帝到夏、商、周，完全沒有信史文字紀錄。

　　　西周、東周總共存在 8 百多年，是中華古典文明的全盛時
　　　期。之前還有商，是中國第一個有直接文字記載的朝代，
　　　也存在約 5 百年。我不相信這長達 1300 年的華夏文明，

現今完全沒有任何典籍留存。到底發生什麼事？使得現代歷史學者及考古學者要花很大力氣去搞夏商周斷代史工程，到現在還沒有被世界公認。

老子：這是一段華夏文明悲慘史，我就不多說，只略提一下，孔子的儒教幾近消滅了華夏上古燦爛文明。就留待你們的學者去好好深思研究吧！

呂尚：我知道這是另一段會顛覆所有人的歷史觀，就不談了。

善建者不拔
善於建立功業的人不會被拔除
善抱者不兌
善於保護功業的人不會被替換
子孫以祭祀不屯
子孫必須以此二原則來祭祀 不能表示困難和吝嗇
修之身　其德乃真
能將德修於自身者 他的德是真實的
修之家　其德有餘
能將德修於家庭者 他的德有餘蔭的
修之鄉　其德乃長
能將德修於鄉里者 他的德就長遠了
修之邦　其德乃豐
能將德修於邦國者 他的德就豐厚了
修之天下　其德乃溥
能將德修於天下者 他的德就廣遍了
以家觀家
用觀察家庭之眼光觀察家庭
以鄉觀鄉
用觀察鄉里之眼光觀察鄉里
以邦觀邦
用觀察邦國之眼光觀察邦國
以天下觀天下
用觀察天下之眼光觀察天下
我何以知天下之然　以此
我何以能得知天下變化情況呢 就是用這個方法

老子：「善建者不拔，善保者不兌，子孫以其祭祀不屯」，意指
　　　天地之間，唯有善於建立道德功業之人，不會被拔除遺忘

掉。善於保護道德功業之人，不會被兌換替換掉。子孫也都要遵循此二基本原則，不能表示有任何困難和吝嗇。因為，任何有形之物都容易被拔除掉，不會永遠存在，不算永世功業，不算基本之「德」。

呂尚：確實呀，原來含義如此清楚。楚簡很清楚是「不兌」，流傳本篡改為「不脫」，就無法解釋了。

以下各句就容易懂了，「修之身，其德乃真」，是指要從個人修身做起。

老子：我其次說明修德之層次：能將德修於自身者，他的德是真實的。能將德修於家庭者，他的德有餘蔭的。能將德修於鄉里者，他的德就長遠了。能將德修於邦國者，他的德就豐厚了。能將德修於天下者，他的德就廣遍了。

呂尚：層次分明，精彩。下一句流傳本在「以家觀家」之前多了一句「故以身觀身」，似乎也可以吧？

老子：是的，也可。

呂尚：有了上面的認識，所以「以家觀家，以鄉觀鄉，以邦觀邦，以天下觀天下」就很容易明瞭了。

老子：用觀察家庭之眼光觀察家庭，用觀察鄉里之眼光觀察鄉里，用觀察邦國之眼光觀察邦國，用觀察天下之眼光觀察天下。

呂尚：完全清楚明白。

老子：所以我最後說，何以能得知天下變化情況呢？就是用此種

　　方法而已。簡單否！

呂尚：您老親自講解，當然清楚了。

含德之厚者　比於赤子
具有良好道德修養的人 好比天真無邪的嬰兒
蜂蠆虺蛇弗螫　攫鳥猛獸弗搏
各種毒蟲不來螫他 各種鳥獸不來抓他
骨弱筋柔而握固
他的筋骨柔弱 手握起來卻很硬朗
未知牝牡之會朘怒　精之至也
還不懂兩性交合之事 小生殖器卻會勃起 這是精氣充足使然呀
終日號而不嗄　和之至也
嬰兒終日號哭而不傷嗓子 此為和氣充足使然呀
和曰常　知和曰明
和氣即為常理 知和氣的人就是明白人
益生曰祥　心使氣曰強
有益於人生者即為吉祥 心念產生意氣用事就是逞強
物壯則老　是謂不道
萬物到了最強壯之後老化得很快 叫做不合乎自然規律

老子：接著我說明具有良好道德修養的人，好比天真無邪的嬰兒。
　　　用各種毒蟲野獸來比喻。

呂尚：您老寫「蜂蠆虺蛇弗螫，攫鳥猛獸弗扣」，很多字現代似
　　　乎都不用了。我查辭典，蜂音愧，蠆音柴，虺音回，螫音
　　　哲，攫音決。還真是很難唸呢，不過只要知道是指各種毒
　　　蟲野獸就好了。

老子：我是說，有良好道德修養之人，好比天真無邪之嬰兒，各
　　　種毒蟲不來螫他，各種鳥獸不來抓他。這裡的「弗」字通
　　　「不」字，不過「弗」字有其更深層的意思。

呂尚：流傳本把道德經全文的「弗」都改為「不」，難道不是這
　　　樣嗎？

老子：非也非也。後文再詳述。

呂尚：「骨弱筋柔而握固。」

老子：指他的筋骨柔弱，握起拳來卻很硬朗。

呂尚：「未知牝牡之會而脧怒，精之至也。終日呼而不嚘，和之
　　　至也。」我發現流傳本把「脧怒」改為「全作」，實在胡
　　　亂改之。

老子：「牝牡之會」指母牛公牛交合。脧，音追，在甲骨文中脧
　　　刻為上，即雄性生殖器形狀，故「脧怒」指雄性生殖器勃
　　　起。此句意為：嬰兒尚且未知兩性交合之事，小生殖器卻
　　　會自然勃起，此為精氣充足使然。而且嬰兒終日號哭卻不
　　　會傷嗓子，此為和氣充足使然。

呂尚：原來是這個意思。這樣一解釋，就很明白了。我真的想笑
　　　流傳本改為「全作」，不知那些老師如何解釋。

老子：和氣即為常理，知和氣之人就是明白人。有益於人生者即
　　　為吉祥。若總是意氣用事就是逞強。萬物到最強壯之後老
　　　化得很快者，叫做不合乎自然規律，不合乎自然規律就會
　　　早逝。

呂尚：原來這些句子有生物學的意涵，真不知矣。所以說，具備
　　　良好道德修養是很重要的，也才合乎自然規律的。

> **營魄抱一能　毋離乎**
> 能做到身體與精神合一的人 內心不會崩離了
> **榑氣致柔能　嬰兒乎**
> 能做到圓守元氣而仍然柔軟的人 就是嬰兒了
> **脩除玄覽能　毋疵乎**
> 能做到修除貪執心靈清淨的人 不會有瑕疵了
> **愛民栝邦能　毋以知**
> 能愛護人民用心治理國家的人 沒有什麼不知
> **天門開闔能　毋雌乎**
> 能做到心靈開闊守道的人 不會憂柔寡斷了
> **明白四達能　毋以知**
> 能做到明白事理的人 也是沒有什麼不知的

呂尚：我發現流傳本寫的這六句全是問句，可是您老在此是肯定
　　　句。這是後世斷句有誤吧！

老子：在我那時代沒有你們的標點。我是在提倡積極思想，說明
　　　「能力」之重要，因此寫的是「營魄抱一能，毋離乎！」
　　　是說具備「能做到……」的能力。是用肯定句，不是問句。

呂尚：那麼流傳本的「載營魄抱一，能無離乎？……」也統統錯
　　　了？

老子：正是。正確句型「營魄抱一能，毋離乎。榑氣致柔能，嬰
　　　兒乎。脩除玄覽能，毋疵乎。愛民栝邦能，毋以知。天門
　　　開闔能，毋雌乎。明白四達能，毋以知」才是。

呂尚：斷句完全錯了，這下麻煩了。您老在每四個字之後是「能」
　　　字，肯定句，感覺非常有力。

老子：「營魄抱一能，毋離乎」能做到身體（營）與精神（魄）
　　　合一者，內心不會崩離。

　　　「槫氣致柔能，嬰兒乎！」能做到團集元氣而態度仍然柔
　　　軟者，如嬰兒赤子心。

　　　「脩除玄覽能，毋疵乎！」能做到滌除去除貪執心而清淨
　　　者，不會有瑕疵。

　　　「愛民栝邦能，毋以知！」，栝音瓜，指箭末端搭扣弦的
　　　部分。能做到愛護人民、促進國家興旺者，就沒有什麼不
　　　知的。

　　　「天門開闔能，毋雌乎！」，「天門」心也。能做到心靈
　　　開闊守道者，不會有憂柔寡斷。

　　　「明白四達能，毋以知！」，「四達」指眼耳口鼻敏銳，
　　　能做到明白事理感官敏銳者，不需處處展現能力。

呂尚：原來如此，這幾句非常難懂，一個標點斷句之差，錯了
　　　二千多年，哀哉呀。您老在此是指做人能力的重要，所以
　　　用肯定句。不是什麼乎呀乎呀的問句。

老子：在此又要補充一下。在我春秋戰國時代，「邦」指侯王封地，
　　　「國」指封地內之都城，「家」指受封侯王居住之房子。
　　　「邦、國、家」各有不同之範圍。我寫之時是用「邦」字。
　　　「邦、國」二字本就有不同之範圍表述。流傳本道德經統
　　　統改為「國」，可見那是後世為避諱劉邦之名而改的後世
　　　版本。

呂尚：是的是的。

論做人

我恆有三葆
我永遠有三個美德（優點）
一曰慈　二曰儉　三曰不
一是慈悲慈愛 二是節儉樸實 三是知止不傲
敢為天下先
這三者都敢做在天下人之先
夫慈故能勇　儉故能廣
因為慈愛慈悲所以能勇敢 因為節儉樸實所以能廣擴
不　敢為天下先
因為內心知止不傲 任何事情都敢於做在他人之先
故能成事長
方能成就長遠大事
今舍其慈且勇
現在有人捨棄慈悲慈愛之心卻好勇
舍其儉且廣
捨棄節儉樸實行為卻浪費
舍其後且先　則必死矣
捨棄知止不傲的謙讓美德卻爭先 必使自己陷入死境
夫慈　以戰則勝　以守則固
只有慈悲慈愛 一旦戰爭才能得勝 防守家園才能固守
天將建之　如以慈垣之
上天將建立積極的機會 會以慈悲慈愛之心保護之

老子：前面我講「德」之重要，這是做人之基本，再來就談談如
　　　何做人。「我恆有三葆：一曰慈，二曰儉，三曰不。敢為
　　　天下先。」

呂尚：哈哈，這一則有意思了，因為流傳本把第三個優點寫為「三曰不敢為天下先」，認為您老不敢為天下先，是消極無為。我自己就想，做事不敢為天下先，怎麼會是優點？現在要為國家作戰，讓別人衝在前面，自己不敢為天下先，怎麼會是美德？根本不通。

老子：正是錯矣差矣。我寫「一曰慈，二曰儉，三曰不」，都用一個字來表述。哪有前二個是一個字，第三個是一大串字，這不符合寫作邏輯。此處我本意是說：我永遠有三個寶貴原則，三個優點，三個美德，一是慈悲慈愛，二是節儉樸實，三是知止不傲。這三者我都做在別人之先。這才是積極的態度，才值得驕傲。

呂尚：聽您這樣一講，就很清楚了，「不，敢為天下先」，不驕傲知止是第三葆。您老將這三者都做在他人之先，那就是樹立典範的行為。您老在 2500 年前就在推行積極思想與行為，卻被後世認為您是無為消極的代表人物，真是冤枉呀！

老子：還原本意，就靠此書之出版了，呂尚你的任務重大！

呂尚：是的是的。

老子：接著我說明因為慈悲慈愛所以會勇敢，好比母親為了子女，扛著責任之勇氣。因為節儉樸實，無有物慾，所以人生寬廣。因為不傲知止，所以任何事情都能做在他人之先，擁有這三個美德，方能成就長遠大事呀。

呂尚：確實確實，「慈悲慈愛、節儉樸實、不傲知止」這樣的美德當然要敢為天下先，才能成就大事。不過流傳本改為「故能成器長」，把「成事」改為「成器」，好像太小器了吧，沒有格局。

老子：接著我說，現在有人捨棄慈悲慈愛之心，卻好勇。捨棄節儉樸實行為，卻浪費。捨棄不傲謙讓知止的美德，卻爭先。必使自己陷入死境。

呂尚：最後「夫慈，以戰則勝，以守則固。天將建之，如以慈垣之。」

老子：垣，保護之意。只有慈悲慈愛才會有勇氣，一旦戰爭方能得勝。以慈悲慈愛之勇氣來防守，也才能堅固。上天將給你建設之機會，如以慈悲慈愛態度保護之。

呂尚：流傳本將「天將建之，如以慈垣之」改為「天將救之，以慈衛之」，怎麼會改成「救」？實在不懂，難怪所有解讀流傳本道德經的老師學者，全是用個人的想法在那邊解釋，卻又不對，可惜呀。

> **信言不美　美言不信**
> 信實的話不一定動聽 動聽的話不一定信實
> **知者不博　博者不知**
> 知識專精的人不一定廣博 知識廣博的人不一定專精
> **善者不多　多者不善**
> 良善的人不多 多的是不良善的人

呂尚：「信言不美，美言不信」、「知者不博，博者不知」這二
　　　句很清楚明白，指的是信實的話不一定動聽，動聽的話不
　　　一定可信。有知識之人不一定廣博，知識廣博之人不一定
　　　有真才實學。
　　　不過第三句流傳本是「善者不辯，辯者不善」，我就很訥
　　　悶，為什麼辯論的人不善良？善良的人不辯論？太不合邏
　　　輯了。

老子：那是後世之篡改。我是說
　　　「善者不多，多者不善」，
　　　明白指出社會上良善之人
　　　不多，多的是不良善之人呀。

通行本	西漢簡	帛書乙
辯	辯	多

呂尚：這不就非常簡單明白了。我查帛書乙就是清清楚楚的「多」
　　　字，西漢竹簡改為「辯」，就誤導後世 2 千年。現在的社
　　　會也是如此。您老當時就點出那時的社會，可見這是人類
　　　的通病，二千多年來沒有改進。

> **見小曰明**
> 能察覺細微處的人才是明白人
> **守柔曰強**
> 能保持柔弱心的人才是強勝人
> **用其光　復歸其明**
> 點油燈 用其光來照周遭 燈心要亮才會明亮
> **毋遺身央　是謂襲常**
> 不要留下身心缺點 是為保護常理

老子：再來我進一步描述做人的一些正常細節。首先說「見小曰明，守柔曰強」，是指能夠察覺細微之處的人，才是明白人。能夠保持柔弱心態的人，才是強勝之人。

呂尚：「見小曰明」這四個字有意思，可以用現代量子理論與超弦理論來體會，就是說在進入極微的境界來看一切，在那個狀態下，一切皆是能量，當然就自然明白了。正也是「見小曰明」的科學詮釋，有意思。您老早就有此宇宙真相之洞見呀。

老子：哈哈，呂尚呀，你能這樣解釋，證明我找汝是對的。

呂尚：接著「用其光，復歸其明」。

老子：意指如同點油燈，用油燈的光來照亮周遭，但光之來源是燈心本身，燈心要亮才行。所以說，光是明白大道還是不夠，必須反躬自省到內心真正明白，不要遺漏身心缺點而改進之，才能回歸靈明覺悟。

呂尚：最後一句「毋遺身央，是謂襲常」，流傳本改為「是謂習

常」。不過在帛書甲與西漢竹簡都
可以看出是「龍」字下面有「衣」
字，應該是「襲」字。

老子：「襲」字從衣，古意是用衣服來掩，有保護之意。「偷襲」
　　　是指偷走他人衣服，使對方失去保護，後人把偷襲解釋為
　　　掩其不備而擊之，將「襲」字的保護本義完全去除。

呂尚：原來「襲」是這個意思，我想沒有幾個人知道。結果流傳
　　　本篡改為「習」之後，後世人都以「習慣」來解釋，於是
　　　就有了各式各樣奇怪的解說了。我又看到有人將「習常」
　　　解釋為「經常練習」，偏差大矣。

老子：故，需要你來重新還原呀。

名與身孰親
名聲與身體 哪一樣應該親近
身與貨孰多
身體與物質 哪一樣應多重視
得與亡孰病
獲得與喪失 哪一樣是不好的
甚愛必大費
過分貪求物質 必定會大費精神
厚藏必多亡
收藏過多寶物 必會失去更多東西
故知足不辱　知止不殆
因此知足知止的人不會受侮辱 知分寸的人不會有危險
可以長久
才可以維持長久

老子：再來，我要大家思考身外之物是否很重要？我用三句問話
　　　表述：「名與身孰親？身與貨孰多？得與亡孰病？」第一
　　　句指外在名聲與自己身體，哪一樣應該親近？第二句指自
　　　己身體與身外物質，哪一樣應多加重視？第三句指獲得與
　　　喪失，哪一樣是不好的？

呂尚：當然是自己的身體重於外在的一切。得與失也沒有什麼好
　　　不好。

老子：所以下一句我說「甚愛必大費，厚藏必多亡」，指過分貪
　　　求外在物質名利之人，必定會大費精神。收藏過多寶物之
　　　人，反而招人嫉妒，必會失去更多的東西。

呂尚：哈哈哈，最後一段我會解釋了。「故知足不辱，知止不殆，可以長久」，指知足知止的人不受侮辱，知分寸的人不會有危險，生命才可以維持長久呀！

老子：很好很好。

呂尚：我發現戰國楚簡刻的是「可以長舊」，有意思，「久」與「舊」的國語台語發音都累同，只是音調有異，您老當時講的是河洛話，「長久（Gu）」口傳就被誤寫為「長舊」。哈哈有意思。

跂者不立
提著腳跟站立的人站不住的
自視者不章
自視甚高的人會不得彰顯
自見者不明
固執己見的人會不明事理
自伐者无功
自吹自擂的人不會有功勞
自矜者不長
自我誇耀的人不會有長進
其在道曰　粽食贅行
從道的角度來看 宛如已吃飽又繼續吃 會影響行為舉止
物或惡之　故有欲者弗居
有些事物也會討厭此種狀況 所以有欲望的人會約束自己

老子：接著，我用五句「跂者不立，自見者不明，自是者不彰，
　　　自伐者無功，自矜者不長」，講做人不要好勝好強。

呂尚：流傳本改為「企者不立」，又多了「跨者不行」一句。帛
　　　書甲乙本與西漢竹簡都改為「炊者不立」，但沒有「跨者
　　　不行」，可見是後世加上去的。

老子：「炊者」指煮飯的人，在古代是蹲著的，當然不立，根本
　　　不需要拿來比喻，沒有意義。

呂尚：流傳本用「企」，我直覺就是不對，因為台語的「企」音
　　　有二種，企業的企要唸 khi，企鵝的企要唸 khiā，就是站
　　　鵝的意思，那是可以站著的，不會「不立」。

老子：正是如此，我寫「跂」提著腳跟站立，才會站不住的。

呂尚：這才正確的嘛。所以您老接著說「自視者不章，自見者不明，自伐者无功，自矜者不長」，道理也很清楚了。我來解釋一下，您老指，自視甚高自以為是的人會不得彰顯，固執己見的人會不明事理，自吹自擂自我炫耀的人不會有功勞，自我誇耀的人不會有長進。

老子：不是很簡單明白嗎？何以大家認為很深奧？

呂尚：是呀，非常清楚明白，就是因為後世版本篡改太多，以至無法圓滿解釋，就認為深奧。例如下一句「其在道曰粽食贅行，物或惡之，故有欲者弗居」，後世人看不懂「粽食贅行」，就把「贅行」改為「贅形」。

老子：「贅行」是指影響行為，不是影響外形。此是說從道的角度來看好勝好強之行為，就好比已經吃得很飽了，別人叫你吃，你就繼續吃，會影響正常行為舉止。

呂尚：哈哈，「粽食贅行」就類似現在流行罵人的話「吃飽撐著」。下一句「物或惡之，故有欲者弗居」流傳本篡改為「物或惡之，故有道者不處」。

老子：我寫「有欲者弗居」，是指抱有多餘欲望的人，並非光指有道者。在此要特別解說「弗」字，我全文用很多「弗」字，卻被後世改為「不」，意義偏差了。在我的時代，「弗」為象形字。

呂尚：帛書甲本毀損這一句，乙本與西漢簡都是用「弗居」，

不是流傳本改的「不處」。我查了《漢典》，「弗，象形。甲骨文字

形，中間象兩根不平直之物，上以繩索束縛之，使之平直。本義矯枉」。可見「弗」字就是指「約束、矯正」的意思，不是後世改為消極意義的「不」。

古之善為士者不武
古代善於輔佐國君的士人不會武斷
善戰者不怒
善於作戰的人不易動怒
善勝敵者弗與
善於戰勝敵人的人會謹慎前進
善用人者為之下
善於把戰俘做成祭品的人地位低下
是謂不諍之德　是謂用人
這些稱為慈悲憐憫的美德 也稱為卑賤低下的人的美德
是謂配天古之極也
也稱為配祭上天與祖先的極致呀

老子：此處我用古代有德之人的作法來說明做人的道理。

呂尚：我看到「善用人者為之下」這一句，覺得有問題。在當今
　　　企管界或是任何機構，「善於用人」的人是好的領導者，
　　　怎麼會是「為之下」？有人把「為之下」解釋為能謙卑的
　　　聆聽屬下的心聲，我總覺得有問題。

老子：「善用人者」非指會用人的領導。在我的時代「用人」是
　　　指「把戰俘殺來做成祭品的人」，是位階不高的劊子手。
　　　你可以在金文上查到很多此種文字表述之例證。

呂尚：原來是這樣，「用人」就跟「佣人」是同樣的詞，就是「下
　　　人」的意思，也就是位階不高的人。明白了。

老子：「古之善為士者不武」，是指善於輔佐國君之士人不會武
　　　斷。「善戰者不怒」，善於作戰之人不易動怒。「善勝敵

者弗與」，善於戰勝敵人之人會謹慎前進。「善用人者為
之下」，善於把戰俘做成祭品之人，地位低下。

呂尚：句句都清楚了。

老子：接著我言「是謂不諍之德，是謂用人，是謂配天古之極」。

呂尚：帛書甲本為「不諍」，乙本為「不爭」，西漢簡為「不昂」，
流傳本為「不爭」，把「是謂用人」改為「是謂用人之力」。
搞得大家莫衷一是呀。後人都以為您老提倡消極的「不
爭」，於是有人解釋為「這就是不與人爭的美德」。

老子：非也非也。我說的「不諍
之德」是不要直言指出他
人的缺點，要用循循善誘
的規勸，這才是一種美德。

西漢簡	帛書乙	帛書甲

呂尚：這差太多了吧。「不爭」是一種消極態度，怎麼會是美德
呢？

老子：「配天古之極」，「天、古」是兩個關鍵字，「天」指上
天，「古」指祖先，「配天古」是指配祭上天與祖先，此
為我那時代之用語，後人不明白，所以解讀「用人、天古」
這些古代語詞，就會產生很大錯誤。

呂尚：原來「天古」指的是「上天、祖先」！確實不能用現代認
知來解釋古語。我想到了，世界很多古老民族在古代都有
拿戰俘來當祭品的習俗，莫非都具同樣意義？這是祭祀上
天的最高祭禮？

老子：正是。上古是用戰俘當祭品。

呂尚：但是太殘忍了，在秦朝時就改用泥塑的兵馬俑來取代真人，
　　　對吧？

老子：是也是也。這也是秦始皇的一大功績，仁慈的表現。

長古之善為士者

長古以來善於輔佐政務的士人

必非溺玄達　深不可志

必定溫文儒雅 對道的了解深厚通達 常人難以明識

是以為之頌

所以要為他們歌頌

夜呵　如冬涉川

呀呀呵 就像冬天涉川如履薄冰

猷呵　其如畏四鄰

拘謹呵 就像顧畏四鄰虛心謹慎

嚴呵　其如客

嚴謹呵 就像賓客謙讓嚴守禮儀

渙呵　其如澤

隨和呵 就像水澤渙漫隨處流散

屯呵　其如樸

淳厚呵 就像未刨原木質純樸素

坉呵　其如濁

沉穩呵 就像渾濁水流緩慢沉澱

老子：在此我再度用古
　　　代有德之人為
　　　例。「長古之善
　　　為士者，必微弱
　　　玄達，深不可識，
　　　是以為之頌」。

呂尚：流傳本將「為士

通行本	西漢簡	帛書乙	楚簡
微妙玄通	藏眇玄進	微眇玄歸	沘鬻名遆

者」篡改為「為道者」，楚簡很清楚可以看出是「非溺玄達」，帛書乙與西漢簡改為「微眇玄達」，流傳本改為「微妙玄通」，越改意思越遠了。

老子：我也不知要怎麼說。

呂尚：「是以為之頌」的「頌」字也要提一下，帛書甲

西漢簡	帛書乙	帛書甲	楚簡
頁	閉	容	頌

乙本都改為「容」，但楚簡可以看出絕對不是「容」，右邊是「頁」，左下有「公」字，應為「頌」，西漢竹簡就很清楚寫為「頌」。流傳本篡改為「強為之容」，後世學者就解釋為「形容」，可見不對了。

老子：正是。「士」指有才幹、善於做事、能輔佐政務的讀書人，他們必定溫文儒雅，對道的理解相當深厚通達，常人難以明識，所此需要為他們歌頌。

呂尚：所以以下各句都是要用歌頌的？「夜呵如冬涉川，猷呵其如畏四鄰，嚴呵其如客，渙呵其如澤，屯呵其如樸，坉呵其如濁」。

老子：正是。用河洛話來歌誦更有韻味。

呂尚：原來接著的 6 句是「Ｘ呵」是您老的歌頌詞。從楚簡可以看出由「上虎下口」的字組成。西漢竹簡可以看出是「虖」字，其實這個字在當時是發河洛音「嘑 hō」，後來帛書甲乙本改為通用的「呵」字。「嘑、呵」都是吟頌的聲音。

大家想想，在感嘆時怎麼會發出「兮（西）」音呢？在此我也想說一說個人多年來對很多古詩詞裡面「兮」字的看法。

老子：你說。

呂尚：「兮」大家都唸成「西」，廣東人唸成「嗨」。最有名的是屈原的〈國殤〉：「操吳戈兮被犀甲，車錯轂兮短兵接」，大家都西呀西呀的唸，我聽了覺得非常刺耳，這根本不是嘆氣時的發音。還有項羽的「風蕭蕭兮易水寒」，我總是覺得很奇怪，人在深深嘆氣時會發「西」音？不是發嘆氣的「嗨」嗎！

所以唸「風蕭蕭嗨（唉）易水寒」才有嘆氣哀傷的情緒，唸成「風蕭蕭西易水寒」，音調上揚，完全沒有哀傷之情。本來是低沉的「嗨」變成高亢的「西」，完全走調了。可是，歷來所有國語文老師都是這樣西來西去的，死來死去（台語音）的，我耳朵就很難受呀。

老子：哈哈哈哈！呂尚呀，你的直覺正確。此字自古用於韻文語句中間或末尾，表感嘆之意，人在感嘆時，是會發「嗨、啊、呵、唉」等音，不會發「西」音的。

呂尚：我查了《中文大辭典》，裡面有寫：「猶邪、歟也。感嘆之意」。清朝王引《經傳釋詞卷四》：「邪，猶兮也」，就是說「兮」音也是「邪、歟」，「邪」要發「牙」音，電視劇《瑯琊榜》的「琊」唸「牙」音，就是 ya 音！

老子：你真用功哩。

呂尚：還有，清朝裴學海《古書虛字集釋》：「兮，猶之也。」；《楚辭‧王逸‧九思‧遭厄》有「何楚國兮難化」注：「兮一作也」，所以「兮」就是「也」，要唸 ya 音，不能唸成「西」音，才是嘆氣的聲音呀。

老子：所以我的句子即為「X 也」之句型，這是古音，我那個時代就是唸 ya。

呂尚：總算還原了。讀者們，尤其是老師們，以後不要再兮（西、死）來西去了。

老子：不過要注意我頌的是「夜呵……猷呵……嚴呵……渙呵……屯呵……敦呵」。

呂尚：我知道了，用台語唸「夜呵」就宛如 ya…ho。大悲咒裡面有「夜、耶」，國語不同音，用台語唸是同音 ya。所以「夜呵」有呼喚的聲勢，就是歌頌的聲勢，妙哉！

老子：我稱頌長古士人之歌是這樣子：夜 ho 如冬涉川，猷 ho 其如畏四鄰，嚴 ho 其如客，渙 ho 其如澤，屯 ho 其如樸，敦 ho 其如濁。

呂尚：太精彩了，真有意思。詩經也是上古唱頌的詩歌，不是用讀的！國語白話寫在上面，現在我來試試用台語唸頌看看：

Ya　ho！親像冬天涉（siàp）河川。

Yu　ho！親像顧畏四方鄰。

Yam　ho！親像賓客知謙讓。

Huan ho！親像水流也渙漫。

Tun ho！親像原木樸素樣。

Dun ho！親像渾濁せ水流。

哈哈，有意思，全新體會。

> **孰能濁以青者　將徐清**
> 誰能使渾濁水流平靜下來 就會逐漸清明
> **孰能安以動者　將徐生**
> 誰能使寂靜事物活動起來 就會充滿生機
> **保此道者　不欲常呈**
> 能遵行此天道的人 不會經常想要顯露出文采

呂尚：接著「孰能濁以青者，將徐清。孰能安以動者，將徐生」，
　　　流傳本把「青者」篡改為「靜之」。

老子：我是說「孰能濁以青者，將徐清」，指誰能使渾濁的水流
　　　平靜下來，就會逐漸澄清，是指天下就會回到清明。「孰
　　　能安以動者，將徐生」，誰能使寂靜的局面活動起來，天
　　　下就會充滿生機。

呂尚：這樣一講就很明白了。流傳本被解釋為「誰能在渾濁中安
　　　靜下來，使它漸漸澄清」，少了「渾濁的水流」的意思。
　　　接著流傳本是「保此道者，不欲盈，夫唯不欲盈，是以能
　　　敝而不成。」

老子：我原文很簡單，就是「保此道者，不欲常呈」八個字而已。
　　　「呈」指呈現文采的意思。這一句是指能遵行天道之人，
　　　不會經常想要顯露出文采。

呂尚：這樣一說，就是這麼簡單，這些都是做人基本態度。明白
　　　天道就不會自滿。流傳本多了很多字，解釋起來就落落長，
　　　又不正確。

> 望呵　其未央哉　眾人熙熙
> 觀望啊 他們好像還沒走上正軌 眾人歡聚在一起
> 若享於太牢　若春登臺
> 宛若享用豐富宴席 好像春日登台遠眺
> 我泊焉未兆　若嬰兒之未咳
> 我已有依靠了 但他人看不出來 如同嬰兒還不知嘻笑
> 纍呵　如无所歸
> 疲累啊 像是無家可歸
> 眾人皆有餘　我獨遺
> 眾人都有積餘 唯獨我沒有
> 我愚人之心也
> 我擁有愚人般樸實之心呀

老子：這裡我強調做人要大智若愚呀。

呂尚：不過有點難懂，慢慢來，請一句一句解釋。

老子：我說的是「望呵，其未央哉！眾人熙熙，若享於太牢，若春登臺。我泊焉未兆，若嬰兒之未咳。」

呂尚：流傳本把「望呵」改成「荒兮」，「我泊焉未兆」改成「我獨怕兮其未兆」，「嬰兒之未咳」被改成「嬰兒之未孩」，我懶得再說了。

老子：「未咳」是「還不知嘻笑」，不是「未孩」。我本意是說：觀望啊，他們好像還沒有走上正軌！眾人歡聚在一起，宛若享用豐富的宴席，好像春日登臺遠眺。我已經有依靠了，但他人看不出來，如同嬰兒還不知嘻笑。

呂尚：原來是此意。後世將您老視為消極，所以把「我泊焉未兆」

解釋成唯獨我澹泊寧靜，起不了什麼兆頭，簡直是胡亂解釋。

老子：下一句「纍呵，如无所歸。眾人皆有餘，我獨遺。我愚人之心也」，「纍」即累，我是說：疲累啊，宛如無家可歸。眾人都有積餘，獨我沒有。我擁有愚人般的樸實之心啊！

呂尚：哈哈，流傳本改為「儽儽兮若無所歸」，真不知要怎麼解釋「儽儽兮」。難怪所有人都認為道德經很難懂，各自的解釋也莫衷一是。

> **溚溚呵　俗人昭昭　我獨若昏呵**
> 渾沌呵 世俗人都很精明智巧 唯獨我好像愚鈍迷糊呵
> **俗人察察　我獨閔閔呵**
> 世俗人都很嚴厲苛刻 唯獨我淳厚寬宏呵
> **沕呵　其若海**
> 飄忽呵 人群就像大海
> **望呵　其若无所止**
> 觀望呵 人群好像還不知停止
> **眾人皆有以　我獨頑以鄙**
> 眾人皆仗恃自己聰明 只有我獨守自然又不張顯
> **我欲獨異於人　而貴食母**
> 我要求自己不同於他人 尊重博大天道的哺育

呂尚：「溚溚呵，俗人昭昭，我獨若昏呵。俗人察察，我獨閔閔
　　　　呵。」

老子：溚者渾沌也。昭者明巧也。察者嚴苛也。閔者憐閔也。我
　　　　說的是：渾沌啊，世俗人都很精明智巧，唯獨我好像愚鈍
　　　　迷糊呀。世俗人都很嚴厲苛刻，唯獨我淳厚寬宏。

呂尚：把「我獨閔閔」改為「我獨悶悶」，把淳厚寬宏改成心情
　　　　悶悶，怎麼解釋都不對了。下一句「沕呵，其若海；望呵，
　　　　其若无所止。」

老子：沕者飄忽也。我在此是說：飄忽啊，人群就像大海。觀望啊，
　　　　他們好像還不知停止。

呂尚：「眾人皆有以，我獨頑以鄙。我欲獨異於人，而貴食母。」

老子：眾人皆仗恃自己聰明才智，只有我獨守自然又不張顯。我

　　要求自己不同於一般人，尊重博大精深之道的哺育。

呂尚：很多人讀這些句子，都被搞昏頭，連唸都不會唸。現在經
　　　您老一說，清清楚楚了。就是您老提倡做人要視萬物為一
　　　體，素樸純真，守著愚人樸實之心。這才是無私境界呀！

寵辱若驚
有些人在受寵或受辱時都會驚訝
貴大患若身
太過重視 最大的禍患卻是自己
何謂寵辱　寵為下也
何謂寵辱 寵比辱更為不好呀
得之若驚　失之若驚
得到寵愛會驚訝 受了侮辱也會驚訝
是謂寵辱若驚
稱為受寵或受辱都會驚訝
何謂貴大患若身
何以說重視寵辱最大禍患卻是自己
我所以有大患者　為我有身
我們所以有這種最大的禍患 是因為有自身的欲求
及我亡身　或何患
如果沒有自身的欲求 又有何禍患呢

老子：再來談談人人都想要受上級之寵，不要受辱。但是重視寵
　　　辱，最大的禍患卻是自己呀。

呂尚：我也想過，寵辱有什麼重要的呢？一輩子根本不會去理會
　　　長官主管如何寵辱。

老子：那是你呂尚清楚明白呀，太多人不是如此。一般人呀，在
　　　受寵或受辱時都會驚訝。太過重視寵辱的話，最大的禍患
　　　卻是自己。什麼是寵辱？寵比辱更為不好。不論是得了上
　　　級的寵愛，或是受了下級的侮辱，都不是自己選擇的，因
　　　此不管得與失都會讓你驚恐，所以寵辱若驚。

呂尚：也確實，也看過很多人是如此，都喜歡巴結上級，期望有
　　　升遷機會。

老子：何以說重視寵辱，最大的禍患卻是自己？我們之所以有這
　　　種最大的禍患，是因為我們有自身的欲求，到了沒有自身
　　　欲求之時，又有何禍患呢？

呂尚：確實確實。不論受寵或受辱，都是外在的評價，也因人而
　　　異，不需在意。我注意到，此處您老用「亡」不是用「無、
　　　无」，表示徹底沒有身體的欲求。

故貴以身為天下者　可以託天下矣
故能重視以己身為天下服務的人 就可將天下託付給他
愛以身為天下者　可以寄天下矣
喜歡用己身去為天下服務的人 就可將天下寄予給他

老子：不欲求寵辱，就不會若驚。有此種全然無畏的心性，就能
　　　夠託付大事了。

　　　所以我說，做人能重視以己身去為天下服務的人，就可將
　　　天下託付給他。

　　　喜歡用己身去為
　　　天下服務的人，
　　　就可將天下寄予
　　　給他。

西漢簡	帛書乙	帛書甲	楚簡

呂尚：終歸一句，做人
　　　絕對不能為自己
　　　想，也就是「不

西漢簡	帛書乙	帛書甲	楚簡

　　　為」，4 聲「為」。有識的人必須要為天下想，這是人生
　　　最重要的。似乎，我 70 多年來的心性也是如此。

老子：善哉善哉，呂子呀，寫書就是法布施，功德最大矣。

> **天下有道 卻趣馬以糞**
> 天下太平時 戰馬在田野奔跑 拉糞來施肥耕種
> **天下无道 戎馬生於郊**
> 天下動亂不平 戎馬就必須在邊疆出入

老子：「趣馬以糞」，走馬，騎馬奔跑，河洛話發音為造，就是
　　　奔跑的意思。糞，古代一種耕種方法，叫做糞種。

呂尚：台灣的農業社會時代，我小學時候，也就是五、六十年前
　　　也是如此，在還沒有用化學肥料之前，也是在田裡洒水肥
　　　糞尿當做肥料。

老子：我那時，天下太平之時，國泰民安，可以騎馬在田野中奔
　　　跑，用糞來施肥耕種，將所有戰馬用於農業生產。但是在
　　　天下无道之時，戎馬就要來到邊疆。郊指邊疆。此句指在
　　　天下無道動亂的時候，戎馬就必須在邊疆出入。

呂尚：也就是說，在天下無法施行大道之時，就會戰亂不息，戎
　　　馬就必須在邊疆出入。有些人將「戎馬生於郊」，解釋為
　　　母馬在野外生小馬，認為戰爭不停，母馬只有可憐地在野
　　　外生小馬。可是，戰馬不會是母馬吧。

老子：「戎馬」即戰馬，不分雌雄。此句「戎馬生於郊」就是指
　　　戰馬出入於荒郊的邊疆。

> **罪莫厚呵　甚欲**
> 最大的罪惡呵 是放縱私人欲望
> **咎莫憯呵　欲得**
> 最大的過錯呵 是想著掠奪他人
> **禍莫大呵　不知足**
> 最大的禍害呵 莫大於不知滿足
> **知足之為足　此恆足矣**
> 知道滿足的人不會貪求 才是永遠的富足

老子：「甚欲」是隨意放縱自己之欲望。咎，過錯。禍，災殃禍患。我指做人最大的罪惡，沒有比隨意放縱自己之欲望更為嚴重的了。最嚴重的過錯，沒有比掠奪他人更慘痛的了。最大之禍害，莫大於不知滿足。

呂尚：所以，欲望太多、有掠奪心、不知足之心，全是罪惡之本。我想到現代的資本主義市場，企業均以最大獲利為目標，每季報表都要有成長。完全充滿這三樣欲望罪惡之本，全然不顧社會責任與環境保護，人類之哀呀。更誇張的是連醫院，年度檢討不是統計今年治好多少個病人，而是看各科業績多少。令人遺憾的資本市場呀！

老子：確實，在華夏文明興盛時代，我們都尊重天道、尊重環境、尊重人事，人人以德相待。至於你說的現代企業，我就不懂了。

呂尚：我知道很多現代企業也在研讀您老的思想，而且用在企業管理上，很多外國學者也在研究，實在是曠古經典！不過

　　他們研讀的是王弼注的版本，文字篡改多，謬誤也多，無
　　法全然了知您老的思想本源。

老子：所以才需要這一本呀！

呂尚：確實也是呀。最後一句，「知足之為足，此恆足矣」

老子：「恆」是形容詞，永遠、永恆。能夠知足知止之人，莫有
　　貪求，才是永遠的富足！

知人者　智也
能洞察善惡賢愚的人 聰明呀
自知者　明也
能有自知之明的人 明白呀
勝人者　有力也
有能力勝過他人的人 有力呀
自勝者　強也
能戰勝自我的人 堅強呀
知足者　富也
能知道滿足的人 富有呀
強行者　有志也
能努力實踐的人 有志氣呀
不失其所者　久也
不失立身原則的人 長久呀
死而不忘者　壽也
死了仍不被忘記的人 才叫長壽呀

老子：這一段我用了 8 個「也」，把「也」加進來唸唸看，有不
　　　同的感覺吧。

呂尚：確實，我用台語唸，有韻，更像詩歌，抑揚頓挫。真的不
　　　能少也 ya 字。

老子：其實這一段很簡單，大家一看應該能夠明白。

呂尚：確實確實，我來翻譯一下。能洞察善惡賢愚的人，聰明
　　　ya。能有自知之明的人，明白 ya。有能力勝過他人的人，
　　　有力 ya。能戰勝自我的人，堅強 ya。能知道滿足的人，富
　　　有 ya。能努力實踐的人，有志氣 ya。不失立身處事原則之

人，長久 ya。只是最後一句流傳本是「死而不亡者壽」，造成解釋者胡亂解釋。

老子：我寫「死而不忘者，壽也」，意指雖然死了還不會被忘記之人，才叫長壽 ya。

呂尚：我比對帛書甲乙本（如右側圖）都是「亡」下面有個「心」的「忘」，但是到了西漢竹簡就變成「亡」，流傳本也是「亡」，一錯二千年。

> **知之者　弗言**
> 真正知道的人不會信口開河 會謹慎發言
> **言之者　弗知**
> 發言的人即便言之有理 也難免有其局限
> **閉其兌　塞其門**
> 做人要停止異常行為 要停止耳目之玩
> **和其光　同其塵**
> 要協調他們的觀點 要統一他們的行徑
> **剉其銳　解其紛**
> 要剉掉他們的銳氣 要化解他們的紛爭
> **是謂玄同**
> 這些境界就是人們共同生活之道

呂尚：這一段前二句在楚簡、帛書甲乙、西漢竹簡都

西漢簡	帛書乙	帛書甲	楚簡
弗	弗	弗	弗

可以看出是「弗」字，但流傳本改為「知者不言，言者不知」，我認為根本不符合邏輯，為何知道的人不能說？說的人不知道？

老子：我是寫「知之者弗言；言之者弗知」。「弗」本意是指「約束、矯枉、校正」，所以「弗言」真正意思是指「有所約束地發言、謹慎發言」，並非不言。

呂尚：如此這樣邏輯就對了。所以「弗知」指的是說的人認知會有局限性，並不是說完全不懂不知。意境差很多了。

老子：所以「知之者弗言，言之者弗知」的本意是：真正有知的

人不會信口開河，會謹慎發言。發表觀點的人即便言之有理，也難免有其局限。

呂尚：唉呀，難怪連大詩人白居易也讀不懂道德經，為此他還寫了〈讀老子〉一詩罵您：「言者不知知者默，此語我聞於老君。若道老君是知者，緣何自著五千文。」認為您老既然是知者，何以要寫作這五千字，也表達了他對「知者不言，言者不知」的懷疑。今天終於大白了。

接著「閉其兌，塞其門，和其光，同其塵，剉其銳，解其紛，是謂玄同」，說實在，我看不懂。

老子：「兌」指行為，「閉其兌」是說做人要停止異常行為。「門」指耳目，「塞其門」是說做人要停止耳目之玩。「和其光，同其塵」指協調他們的觀點，統一他們的行徑。「挫其銳，解其紛」指銼掉他們的銳氣，化解他們的紛爭。

呂尚：這幾個字真正難理解，還是要多看幾遍。最後「是謂玄同」。

老子：這些境界就是人們共同生活的博大無限之道！

呂尚：還是很難懂，您在道篇說「有无兩者，同出異名，同謂玄」，「有」跟「无」是同一源頭出來的，但名稱不同，都叫做玄，是一種存在狀態。因此，「玄同」是否可以解為不管有无，最後道理皆同？

老子：可以。至高之道，宇宙規律，無有區別。所有人必須做到如你們現代所講的「合一」，即玄同。

故不可得而親　亦不可得而疏
所以不必想盡方法去親近他人 也不必疏遠他人
不可得而利　亦不可得而害
不必想盡方法去給他人利益 也不可加害他人
不可得而貴　亦不可得而賤
不必想盡方法給他人權位 也不可輕視他人
故為天下貴
這才是天下最可貴的

呂尚：您老在此用「親疏、利害、貴賤」的對比字，一定有用意。

老子：人啦，不用想盡方法去親近他人，也不用疏遠他人。不必
　　　想盡方法去給他人利益，也不可加害他人。不必想盡方法
　　　給他人權位，也不可輕視他人。外在一切都不能動搖其內
　　　在，這才是天下最可貴之人。

呂尚：哈哈，真是簡潔有力，說明了真正要做一個有德之人，內
　　　在才是最重要。

> **至虛　恆也**
> 人要永恆地持守至虛的心呀
> **守情　篤也**
> 也要篤定地持守大道的情呀
> **萬物方作　居以須複也**
> 萬物正在萌芽之時 要安靜觀察它們的發展方式呀
> **天道雲雲　各復其堇**
> 天地間的規律紛紜多樣 也都會回歸到它們的根本

呂尚：這一則從右邊四
　　　個古版本都可以
　　　看出第一個字是
　　　「至」，流傳本
　　　改為「致」，意
　　　思不同呀！導致
　　　很多人看不懂。

西漢簡	帛書乙	帛書甲	楚簡

老子：我言「至虛恆也。
　　　守情篤也」指人
　　　要永恆地持守至
虛之心，也要篤定地持守大道之情。

呂尚：哇，這樣一講就清楚了。

老子：宇宙之極致是永恆的，如果人能致知，了解宇宙虛空妙有，
　　　使自己達到虛無之極的境界，即可達大智慧極點，又能淡
　　　漠自己的感情，誠心誠意守在最高之境。這是做人最高境

114

界。

呂尚：簡單八個字卻蘊含宇宙至高智慧，但也要讀對這一句才能
　　　體會。唉呀，感觸良多呀！下一句流傳本寫「萬物並作，
　　　我以觀復」。

老子：「萬物方作，居以觀其複也」才是，「方作」指萌芽，這
　　　一句指萬物正在萌芽之時，我們要安靜地觀察它們複雜的
　　　發展方式。

呂尚：再來，流傳本寫「夫物芸芸，各復歸其根」。但楚簡與帛
　　　書甲本都是「天道雲雲」，我找到《詩·齊風》裡面有「齊
　　　子歸止，其從如雲」，又《漢書司馬相如傳》有「威武紛
　　　雲」，「雲」是
　　　在比喻紛紜眾多
　　　的意思。

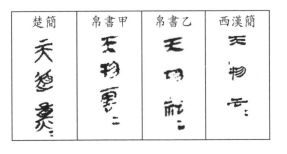

楚簡	帛書甲	帛書乙	西漢簡

老子：「天道雲雲，各
　　　復其堇」，指天
　　　地間雖然各種規
　　　律紛紜眾多，也都會回歸到它們的根本。

呂尚：唉呀，精彩呀，還原為「天道雲雲，各復其堇」，就容易
　　　明瞭了。

歸根曰情　情是謂復命
歸根是人之常情 此種歸根之情稱為復命
復命常也　知常明也
回歸故鄉之情是正常的呀 知此常情即為明白事理呀
不知常　妄妄作凶
不知此常情的人 會胡作非為狂妄地幹壞事
知常容容　乃公公　乃王王　乃天天　乃道道　乃久
明白常情就會包容一切 就會大公無私 就會周遍完全 就會自然
天成 就會符合大道 就會悠久常存
沕身不怠
終其一生不會有任何危險

呂尚：流傳本把第一句改為「歸根曰靜，是謂復命」，整本道德
　　　經都把您老的「情」字統統改為「靜」，似乎不對。

老子：是矣，差矣，我寫「歸根曰情，情是謂復命」。這種想要
　　　回歸故鄉之感情，在我時代稱為「復命」。

呂尚：現在早就沒有人用「復命」了，所以看不懂。慢點，突然
　　　想到「靜」與「情」的台語同音，發 tsing 音，只是不同
　　　調而已，會台語的人唸唸看，各有表情呀！

老子：呂尚，你懂台語，真有利於研究古文！不錯不錯。

呂尚：下一句「復命常也，知常明也」。

老子：人人想要回歸出生地的故鄉是正常的事呀。知道這是常情
　　　的人，即是明白事理的人呀。

呂尚：所以「不知常，妄妄作凶」，是指不理會此常情的人，心
　　　態不對，比較會胡作非為，會幹些壞事。

老子：正是。

呂尚：接著您老這一句，我看到在帛書甲乙本、西漢
竹簡上都是「知常容ㄟ乃公ㄟ乃全ㄟ乃天ㄟ乃道ㄟ
乃久」，年輕人或許不知「打兩點ㄟ」就是指與
上一個字相同，所以「容ㄟ」就是「容容」。在
《詩經》裡也可以看到很多重複字，台語也有
重複字用法，如「紅麻麻、白泡泡、青筍筍」
等等。後世斷句「知常容，容乃公，公乃全，全乃天，天
乃道，道乃久」，我個人覺得音韻不對。

老子：正是如此。我的時代「打兩點ㄟ」就是與上一字相同，我
寫五千言很多地方用ㄟ，就是同上一字。故「知常容容，
乃公公，乃王王，乃天天，乃道道，乃久」方為正確，用
河洛話唸唸看，就能體會。我意指，明白常情的人，就會
包容一切，就會大公無私，就會周遍完全，就會自然天成，
就會符合大道，就會悠久常存長久。

呂尚：原來五個「乃」字的「容、公、王、天、道、久」，是在
詮釋「知常」之情。不是「容乃公，公乃王，王乃天，天
乃道，道乃久」的五個狀況。

老子：真正大道修煉，需守於情，歸根即人之常情，常情即為回
歸生命源頭。受上古華夏文明薰陶之人，最喜歡的就是
「情」。任何大道修煉，離不開一個情，那是人與環境之
情，與天地之情。縱使是神仙也是有情的，沒有情也不是

　　人了。情是宇宙之存，本命之根。

呂尚：最後一句「沕身不怠」。

老子：指能做到這樣的人，終其一生不會有任何危險。

呂尚：至高之理呀！可惜後世就陷在「靜」中，大家都靜靜又無
　　　為，可惜呀。

> **上善如水　水善利萬物而有情**
> 最善良的人好像水一般 水善利於萬物又是有情之物
> **居眾之所惡　故幾於道矣**
> 會流向眾人嫌惡的骯髒地方 所以它與道最接近
> **居善地　心善瀟**
> 做人要如水居善地 善心深藏於心中
> **夫唯不靜　故无尤**
> 只有不消極靜止（該是你的就爭取）才能無怨尤

老子：做人也要像水一樣。我言「上善如水，水善利萬物而有情，居眾之所惡，故幾於道矣。」

呂尚：一般引用流傳本習慣用「上善若水」，也是可以的啦，「如、若」二字是一樣的意思。不過流傳本把原文「有情」改為「不爭」，就差太多了。

老子：最善良的人好像水一般，水善利於萬物又是有情之物，很多文人也是這樣表述的。水有情，有時卻又無情呀！

呂尚：哈哈，我知道了。「情、爭」用國語唸不同音韻，改用台語唸，卻又是同音不同調，情 tsing 字 2 聲，爭 tsing 字 1 聲，發的音是相同的。

老子：我當時是用河洛音在寫此文。水是有情的，所以才會「居眾之所惡」，它會流到眾人所不喜歡的下水道等骯髒地方，會流到有動物屍體的低地，這些地方都被眾人所厭惡，它位居在眾人厭惡又卑下之處，才是最接近「道」的作為了。

呂尚：經您老一講，體會出水的有情、包容、至大的胸懷呀！流

傳本下一段是「居善地，心善淵、與善仁、言善信、正善治、事善能、動善時」。

老子：前面二句保留，後五句是後世人加上去的，與水無關，刪去之。我只寫「居善地，心善瀟」，表示做人要如水居善地，善心深藏於心中。

呂尚：帛書甲本寫「瀟」字，乙本寫「湖」，西漢簡與流傳本改為「淵」。我查了《說文》：「瀟，謂深而清也」，《國語辭典》：「水深清澈的樣子」，所以「瀟」表示水很深又清澈。最後一句流傳本寫為「夫唯不爭，故無尤」。但在帛書甲（右圖）很清楚看出是「靜」。

老子：是矣。我寫「夫唯不靜，故无尤」。我提倡積極思想，怎會用不爭？很多事情，叫你委曲求全不爭，內心一定會留下很多怨尤呀。

呂尚：哈哈，「情、爭、靜」三字台語都是同音不同調呀，會台語的人唸唸看，各有表情，精彩呀！

老子：所以「夫唯不靜，故无尤」，是指你不要靜止下來，該努力就努力，該爭取就爭取，才能無怨尤呀！但是不屬於你的，不該爭取的，就不能強取，才符合天道。

呂尚：終於把誤解二千年的句子更正了，這才解釋得通呀！

善行者无轍跡
善於行走的人不會留下車痕馬跡
善言者无瑕適
善於辭令的人不會有瑕疵得咎
善數者不以檮策
善於計數的人不必用計算籌器
善閉者无關籥　而不可啟也
善於關閉門戶的人不用門閂 而別人無法打開呀
善結者无繩約　而不可解也
善於結繩的人不用繩索綑結 而他人無法解開呀

老子：再來是談如何做一位優質的人。我言「善行者无轍跡，善言者无瑕適，善數者不以籌策，善閉者无關籥而不可啟也，善結者无繩約而不可解也。」此段是說，要做一位優質之人，必須如同這樣：善於行走之人不會留下車痕馬跡；善於辭令之人不會有瑕疵得咎；善於計數之人不必用計算籌器；善於關閉門戶之人不用門閂而別人無法打開；善於結繩之人不用繩索綑結他人無法解開。

呂尚：就這麼簡單？

老子：是的，就這麼簡單，然而究竟有多少人做得到？

呂尚：說的也是，大道至簡。

老子：能把任何學問化繁為簡，深入淺出讓人家懂，才是真功夫ya！

呂尚：確實呀！您老思想平易近人，不會是高深難懂的。

人之生也柔弱　其死也髖伸強
人活著時身體是柔軟的 死的時後是僵硬挺直的
萬物草木之生也柔脆　其死也枯槁
萬物草木活著時也是柔軟脆嫩的 死後也是枯槁的
故曰堅強者死之徒也
所以說 剛強頑固的人就是邁向死亡的途徑呀
柔弱微細者生之徒也
柔弱謙虛的人才是邁向生存的途徑呀
兵強則不勝
逞強的兵力往往得不到勝利
木強則競
長得強壯的樹木必遭砍伐
故強大居下
所以剛強高大的會居於下位
柔弱微細居上
柔弱謙卑的反而居於優勢

老子：大家都知道，人活著時身體是柔軟的，死了後身體便僵硬
　　　挺直。我的比喻是在指做人，活著的一生必須謙卑，這是
　　　做人基本態度。

呂尚：是的，您老說「人之生也柔弱，其死也髖伸強」，但是流
　　　傳本簒改為「其死也堅強」，根本不是此意。所以下一句
　　　「萬物草木之生也柔脆，其死也枯槁」，就很容易懂了。

老子：大家也都知道，萬物草木活著時是柔軟脆嫩的，死後是枯
　　　槁的。所以我接著說，堅持己見、剛強頑固之人，就是邁
　　　向死亡之途。柔弱謙虛之人，才是邁向生存之途。

呂尚：下一段「兵強則不勝，木強則兢」，但是「兢」字在帛書甲本寫的是「恆」，乙本寫的是「兢」，西漢簡是「枙」，流傳本為「兵」。我查了《說文解字》「枙，竟也。從木，恆聲」。《說文解字注》「樂曲盡為竟，曲之所止也。引伸凡事之所止、土地之所止皆曰竟。」所以「木強則恆」即「木強則竟」，也就是「兢」字，指砍伐。

老子：我用「兵強」與「木強」來比喻。逞強的兵力，往往得不到勝利。高大強壯的樹木，必遭砍伐。

呂尚：很清楚了。下一句，「故強大居下，柔弱微細居上」。

老子：「強大」指剛強高傲。所以說，剛強高傲之人，會被人看不起。反而是謙卑柔弱的人，居於優勢。

> **出生入死**
> 出入於生死之間
> **生之徒　十有三**
> 從幼年到青年之成長階段在十個人中占有三個
> **死之徒　十有三**
> 中年邁向老年的衰亡階段也是十個人中有三個
> **而民生生動皆之死地　十有三**
> 壯年至中年這個旺盛階段也是十個人中有三個
> **夫何故也 以其生生也**
> 何以如此呢 因為人為了生存而不顧一切去拚命呀

老子：此處我說生死觀。人人都要了解生與死。從生到死我分為
　　　三個階段，「生之徒十有三，死之徒十有三；而民生生動
　　　皆之死地之十有三。」

呂尚：為何分為三階段？

老子：人出娘胎就是生，埋入地下就是死。不過，這只是地球生
　　　命狹隘的生死觀，真正的生命是永恆的，並非只在地球上
　　　的這一段。

呂尚：我於 1997 年參與南華大學生死學研究所的創所，當時就
　　　著重在出生之前及死亡之後的生命存在議題的研究，也出
　　　版台灣第一本生死教科書《現代生死學》，喜歡講解生前
　　　死後的主題，卻被當做另類老師。今年 11 月又出版《生
　　　死學與應用》。

老子：不能怪現代人，醫學的生與死定義，只適用在地球上的有

形物質認知。

呂尚：那麼，「生之徒十有三，死之徒十有三，生動皆之死地十有三」又怎麼說呢？

老子：我把人生劃分成三階段，第一階段從幼年到青年的生命力旺盛的成長階段，稱為「生之途」，十個人當中占有三個。第三階段從中年邁向老年的衰亡階段，稱為「死之途」，也是十個人中有三個。第二階段「而民生生動皆之死地之十有三」，指在壯年至中年這個中間階段，生命力旺盛，但是每一天都是邁向死亡的方向，也是十個人當中有三個。

呂尚：原來「十有三」就是十個有三個的意思。存在主義哲學家海德格也說：「生命是向死的存在」，人生就是走向死亡的存在體，也就是說，我們從一出生開始，每天都向那個最後的死亡目標前進。生命意義就是如此！

老子：何以故呢？「以其生生也」，就是因為人為了生存而不顧一切去拚命的緣故，傷了生命，所有的努力都歸向死亡之路。

呂尚：所以，善於了解生死意涵的人，善於把握自我生命的人，只剩下十個人中的一個了。

蓋聞善執生者
聽說善於把握自我生命的人
陵行不避兕虎
在丘陵山地行走不需避開野獸
入軍不被甲兵
當兵作戰也不會為甲兵所傷
兕无所揣其角
犀牛雖兕悍卻不以角去攻擊他
虎无所措其爪
老虎雖勇猛也不以爪去攻擊他
兵无所容其刃
兵卒作戰的刀器也用不上
夫何故也　以其无死地焉
何以故呀　因為心中沒有死亡的念頭

老子：上一段說十個人中剩下的一個，就是善於把握自我生命之
　　　人。因他慈愛萬物，了解動物，動物也了解他，在丘陵山
　　　地行走不需避開野獸，野獸不會去傷害他。當兵作戰也不
　　　會為甲兵所傷，因為有聖德的人，將軍敬畏他，兵卒也敬
　　　畏他。因此，犀牛雖然兕悍，卻不以角去攻擊他。老虎雖
　　　然勇猛，也不以爪攻擊他。兵卒作戰的刀器也用不上。

呂尚：原來如此，精彩精彩呀。所以，人重要的是要「了悟生死，
　　　不懼生死」。

老子：何以如此呢？因為他們心中沒有死亡之念頭，把生命託付
　　　給天地，這是最高境界的生死觀。

呂尚：我認為最重要的是「心中沒有死亡念頭，把生命託付給天地」，也就是徹底了悟生死有命，不用去擔心害怕死亡，這才是最高境界，也正是生死學的最高境界，但是一般人要做到這樣也不簡單。孔子曰：「未知生，焉知死」，我以前在大學講生死學時，就說「未知死，焉知生」才是正確認知之路，可以呼應您老這一句話。

論做事

終眇之門　天下皆知
宇宙終極細微深奧星門 是天下人都可以知道的
美之為美也　惡已
美就是美 到了最後就會知道何者是美的
皆知善　此其不善已
大家都知善 到了最後就會知道何者不善了

老子：在此我要說流傳本有個很大的誤植，就是把「眾眇之門」
　　　放在「道可道」那一段的最後，要搬來這裡才是，成為這
　　　一段的開頭。我原寫「終眇之門，天下皆知」，不是「眾

　　　眇」，「終眇」是指宇宙
　　　細微深奧之內涵，是天下
　　　人都可以知道的。宇宙有

| 帛書甲 | 帛書乙 | 西漢簡 |

　　　一個終極未知的通道，你們現代人不是說發現一些「星門」
　　　嗎？

呂尚：精彩呀，您老是指時空穿越通道？壯哉，您老在 2500 多
　　　年前就已經描述了現代太空科學的認識。太精彩，太精彩
　　　了。所以正確應是「終眇之門，天下皆知。美之為美也，
　　　惡已。皆知善，此其不善已」？

老子：「美之為美也，惡已」這句話，平實表達了美就是美，沒
　　　有分別不同之美的價值觀。此處必須提一下，此二句我都

用「已」，不是「矣」。矣是了結完成。已是指過了一些時間之後就會明白。

呂尚：也就是指過了一些時間之後，就會明白何者為美，何者是不善了。後世寫為「天下皆知美之為美，斯惡矣」，似乎就產生分別美的價值觀，就不客觀了。所以，您老並沒有分別美醜、善惡？

老子：正是，我只說「皆知善此其不善已」。我是說做事的基本道理，不可對任何事先存有分別心。大家之行為是美還是惡，行動結束了就會知道。而大家之行為是善或是不善，要等行為結束後，大家醒悟了才會知道。

呂尚：原來是這樣的意思。

> **天下之所惡　唯孤寡不橐**
> 天下人所厭惡的 就是那些孤王、寡人、沒本事的人
> **而王公以自名也**
> 位階高的王公卻以這些做為自稱呀
> **物或損之而益**
> 有的事看起來減損了反而有增益
> **益之而損**
> 有的事看起來增益了反而有減損
> **故人之所教　夕議而教人**
> 所以別人所教的 必須經過整晚思考之後才能教人
> **故強良者　不得死**
> 所以故意稱強霸道向人誇耀的人 死都不能得其所
> **我將以為學父**
> 我就像個老師而已

老子：再來我交待做事要慎重。我寫「天下之所惡，唯孤寡不橐，
　　　而王公以自名也。」

呂尚：這一句在帛書甲乙本都用
　　　「橐」字，現代也沒有這
　　　個字了。可能西漢時期就

不用此字，所以西漢竹簡與流傳本就改為「穀」，怎麼會
跟稻穀有關呢？大陸簡化字改為「谷」，變成「不谷」，
更是無法解釋了。

老子：儒家亂編也。「不橐」是沒本事，非「不穀、不谷」。我是說，
　　　人民所厭惡的是「孤、寡、沒本事」，而位階比較高的王

公們卻以這些大家不喜歡的名詞做為自稱，此種謙虛反而得到天下人民的歸心。

呂尚：所以，位階比較高的人做任何事更是是要謙虛。所以下一句「物或損之而益，益之而損」，就比較好理解了，我認為指的是萬物會有成住壞空的循環，有時看起來雖有減損，反而有增益；有時雖有增益，反而有減損。想到如同《心經》所記，不增不減，不生不滅，宇宙之中是恆一的。

老子：很好，能舉一反三。正是此意。

呂尚：接著，「故人之所教，夕議而教人。故強良者不得死！我將以為學父」，帛書甲清楚地寫「良」，但西漢竹簡與流傳本改為「梁」。

老子：「故人之所教，夕議而教人」，指不是別人教什麼，我也教什麼。為師者必須慎重，要經過一個晚上的思考，確認沒問題了才能教人。「強良者」指矜強自恃、仗恃自己力量、稱強霸道、向人誇耀的人，跟「梁」無關。

呂尚：下一句在帛書甲與西漢簡都很清楚寫著「學父」，流傳本改為「教父」。

老子：「我將以為學父」就是我就像個老師而已。

呂尚：原來如此。

> **天下之至柔　馳騁於天下之至堅**
> 天下最柔弱的水 能馳騁在天下最堅固物體之間
> **无有入於无間**
> 只有無私方能透入細微縫隙之處
> **我是以知　无為之有益也**
> 我因此明白 不為己利做事的好處呀
> **不言之教　无為之益**
> 不用多說的自然教化 不為私利的自然化益
> **天下希能及之矣**
> 普天之下很少人能做得到啊

老子：我接著說明做事不勉強、態度要柔軟的意義。「天下之至柔，馳騁於天下之至堅」。

呂尚：這一句很容易理解，是說天下最柔弱的物體甚是水，能馳騁在天下最堅固物體之間。「无有入於无間」，也就是說，任何人做事心態必須出於無私，方能透入任何間隙或是最堅固之處。真是高見！

老子：此處「无為」要讀 4 聲，指出於無私、不為己利去做事的益處了！

呂尚：「不言之教，无為之益，天下希能及之矣。」這我能解釋了，不用多說的自然教化，不為私利的自然化益，普天之下很少人能做得到啊。這真是做事之最高境界呀！

老子：善哉善哉。

卅楅同一轂　當其无有
三十根楅木拱著車轂 輪軸處要空 方能插入車軸
車之用也
車子才能使用呀
燃埴而為器　當其无有
黏土拉坯後燒成器具 容器要空 方能合上一個蓋子
埴器之用也
容器才能使用呀
鑿戶牖為室　當其无有
鑿空牆壁做成為門窗 要有空間才能做門板與窗板
室之用也
居室才能使用呀
故有之以為利
所以有形部分能給帶來便利
无之以為用
空虛部分可以發揮它的作用

老子：接著我說明要把事情做好，必須考慮到事務的兩面。第一
　　　段「卅楅同一轂，當其无有，車之用也」，

呂尚：流傳本斷句是「當其無，有車之用也」。

老子：此則我提了三次「當其无有」的句型，因為同時表述「无、
　　　有」，所以「當」字是「合」的意思，也就是「合其无有」。

呂尚：那麼「當其無，有車之用」應該還原成「當其无有，車之
　　　用也」。

老子：「楅」指車輪中的直木，由三十根楅木所構成，連接著軸
　　　心和車輪外圈。「轂」是車輪中心之圓孔，即穿軸之處。

故「卅輻同一轂，當其无有，車之用也」，義為：三十根輻木拱著一支車轂構成車輪，都連在同一個穿軸圓孔處。此處為一個空洞，所以我用「无」，不是用「無」。將軸插入，就成一個輪子，車子才能使用。

呂尚：我知道了，要把「當其无有」唸成「當其无…有」，就是指當中間空洞處插入車軸，方能為車所用。那麼下一句，「燃埴而為器，當其无有，器之用也。」

老子：埴，黏土也。「燃埴而為器」，指用黏土拉坯燒成器具成為中空器物，但還要合一個蓋子，容器才能使用。

呂尚：「當其无…有」，就是指容器內部是空的，要合上一個蓋子，稱為「有」，容器才能用。下一句，「鑿戶牖為室，當其无有，室之用也。」

老子：牖，窗戶也。鑿空牆壁成為門窗，要合門窗大小做門板與窗板，居室才能使用。

呂尚：您老用車子、器皿和房子來比喻，之所以會有用處，都是因為它們的中間是空的。

老子：所以「有之以為利，无之以為用」，是說有形物體可以給人們帶來便利，空虛的內部可以發揮它的作用。我是指宇宙當中，「有」為有形萬物，「无」為無形天道，不可只見萬物有形之利，而忽略大道無形之用。

呂尚：精彩精彩，實質之利都是來自核心之无。利是「實」，但「實」必須通過「虛」方能使用，所以實利背後必須要有一個虛，精彩呀，這個做事境界真是太高了。

> **視之而弗見　名之曰微**
> 看著它卻當作無睹 稱之為微
> **聽之而弗聞　名之曰希**
> 聆聽它卻當作無聞 稱之為希
> **搢之而弗得　名之曰夷**
> 撫摸它卻當作無存 稱之為夷
> **三者不可至計　故束而為一**
> 這三者無法析理難以探究 所以將它們歸結為一種感覺
> **一者　其上不皦　其下不忽**
> 此種感覺 往上看不明晰 往下看不能忽略

老子：我又說明做事必須不為外界影響而動搖。我舉「視覺、聽覺、觸覺」三者為例。

呂尚：所有古版本都是「弗」，流傳本又把「弗」統統改為「不」，寫成「視之不見、聽之不聞、搏之不得」，意思完全不一樣了。

老子：差多矣。我又有話要說了。「弗」是約束，非「不」。「微希夷」三字有我的定義，「微」指視覺，「希」指聽覺，「夷」指觸覺。

「視之而弗見，名之曰微」，指看著它卻當做無睹，稱之為微。「聽之而弗聞，名之曰希」，指聆聽它卻當做無聞，稱之為希。「搢之而弗得，名之曰夷」，指撫摸它卻當做無存，稱之為夷。

呂尚：正如心經所言「無眼耳鼻舌身意，無色聲香味觸法」，也

就是不要拘泥，是一種存在狀態，不是否定。所以「微、希、夷」三字有您老的定義，不可作其它解釋。不過我看河上公就自作聰明地注解：「無形曰微，無聲曰希，無色曰夷」，統統解為「沒有」，您老並不是指無形、無相、無聲、無色呀。

老子：所以現在才要透過你來還原我的本義給世人。

呂尚：最大問題是，我不是文史哲學出身，是理工科學出身，這樣做會被文史哲學界抨擊。

老子：道教界及文史哲學界人士已錯誤二千年，我找不到敢於推翻自己過去胡亂解釋的學者，所以才找有深厚宇宙科學基礎的你，因為我當年留下的就是宇宙大道，當然要找有自然科學宇宙觀的人。而你呀！呂子呀，過去就敢於創新運用宇宙科學理論詮釋《佛經》《聖經》，殊屬不易，現在道德經當然也要找你，把我的文字還原正確。

呂尚：惶恐惶恐。但思及前面講過的，或寵或辱都是身外名，不患我身，但言真理。這也是做學問者最基本的道義。

老子：你就大膽去做！寵辱不上身。

呂尚：我發現「微、希、夷」三字用台語唸，完全同韻，be、he、yi，口形也一致，更加證明古文要用台語唸，才有韻味。我也體會到您老的重點是在講道的本體存在，不是在講什麼看它不見、聽它不到、摸它不著。

老子：哈哈，很好，正是正是。

呂尚：下一句「三者不可至計，故束而為一。一者，其上不皦，
其下不忽」，流傳本改為「此三者不可致詰，故混而為一。
其上不皦，其下不昧」。

老子：「至計」就是繼續分析和理解，無法用言語來形容，難以
探究，所以將它們歸結為一種感覺。此種存在的感覺，往
上看卻不明晰，往下看不能忽略。

呂尚：沒有經過您老的解說，還真難懂哩。

順便說明一下「捪」這個字，《說文解字》：「捪，撫也。
從手昏聲。一曰摹也」，就是台語用手摸的 mon 音。

> **唯與呵　相去幾何**
> 口吻和氣與口吻不耐煩 兩者相差有多少
> **美與惡　相去何若**
> 美麗與醜惡 兩者相差又有何不同
> **人之所畏　亦不可以不畏人**
> 大家所害怕的事物 不可能會有人不害怕

老子：接著要談談說話的口氣，這也是很重要的。

呂尚：流傳本前面還有「絕學無憂」四字。

老子：「絕學無憂」這四字不是在此處。我是用問話反問：「唯
　　　與呵，相去幾何？美與惡，相去何若？」

　　　「唯與呵」與「美與惡」是相對用語，「唯」指人在回話
　　　時用和氣口吻，「呵」指用不耐煩的口氣回答，兩者相差
　　　有多少？

　　　其次我問「美麗」與「醜惡」，兩者相差又有何不同？在
　　　此我提醒，做人做事，說話的口氣也很重要，就跟美醜一
　　　樣，大家都喜歡美的，不喜歡醜的，不是嗎？

呂尚：唯與呵，原來是這個意思，是指回話的口氣好與不好，您
　　　老不解釋，還真誤解了。下一句，「人之所畏，亦不可以
　　　不畏人。」

老子：大家所害怕之事物，不可能會有人不害怕！

呂尚：就是這麼簡單？這樣一說，這幾句就很清楚明白了。

天地不仁　以萬物為芻狗
天地真的不仁嗎　為什麼將萬物當成用完就丟的草狗
聖人不仁　以百姓為芻狗
聖人真的不仁嗎　為什麼將百姓當成用完就丟的草狗
天地之間　其猶橐籥與
天地之間　宛如風箱嗎
虛而不淈　踵而愈出
沒人去搖動就沒有聲音發出　若去搖動風就自然吹出來
多聞數窮　不若守於中
意見聽太多反而無所適從　還不如守住自己心中的己見

老子：我用問句：「天地不仁？以萬物為芻狗。聖人不仁？以百
　　　姓為芻狗。」

呂尚：您老用問句，流傳本用肯定句「天地不仁，以萬物為芻狗。
　　　聖人不仁，以百姓為芻狗」，兩者差很多哩。

老子：沒錯，這裡要特地說明。「芻狗」在我那個時代，是指祭
　　　祀的草狗，用草紮成狗形，祭祀結束後就丟在地上，或讓
　　　人撿回家當柴燒。

呂尚：後世卻有兩種解釋，一種認為是祭祀用的用草紮成的狗形。
　　　另一種是說芻為芻，狗為狗，是分別指草和狗兩樣東西。

老子：我反問：「天地真的不仁慈嗎？為什麼將萬物當成祭祀的
　　　草狗一樣，用過之後就不要了？」天地當然不是不仁慈的。
　　　我又反問：「聖人真的不仁慈嗎？為什麼將百姓當成祭祀
　　　用的草狗一樣，用過之後就不要了？」聖人當然也不會不

仁慈。

呂尚：後世把「芻狗」意思弄錯了。台灣官方的《數位經典網站》便解釋成「天地無私，不會親愛萬物，反而把萬物當作草和狗，任其自己生長」，好像詮釋反了。

老子：由於後世胡亂篡改我的原文，造成後人解釋困難，我也沒有辦法呀，所以才要找你來還原，不然永遠錯下去，嗚呼哀哉！

呂尚：真的是差太多了。下一句，「天地之間，其猶橐籥輿？虛而不淈，踵而渝出」，流傳本改為「虛而不屈、動而愈出」。

老子：「橐籥」即風箱，我是說天地之間宛如風箱。「虛」

西漢簡	帛書乙	帛書甲	楚簡
屈	淈	叕	屋

指風箱是中空的，「淈」表示水出有聲，如 gu 音。這裡是說沒人去搖動風箱，它就虛靜無聲，但若有人去鼓動它，風就自然吹出來。

呂尚：現代很少人用此字，在客家話中「冒泡」還有稱為「淈泡」。河洛話「淈淈淈」發音如 gugugu，表示水泡一直冒出來的聲音。把「淈」改為「屈」，意義全不同。不過「踵而渝出」改為「動而愈出」，好像也可以。

下一句「多聞數窮，不若守於中」在帛書甲乙本與西漢竹簡很清楚可以看出是「聞」字，流傳本卻改為「多言數窮，

不如守中」。

西漢簡	帛書乙	帛書甲
多聞	多聞	多聞

老子：我指意見聽太多，反而沒
有應對的招數，還不如堅
守自己心中已成熟的主
見。

呂尚：所以是「聞」不是「言」，不是指說太多。

道篇

論道

> **有狀昆成　先天地生**
> 有一種狀態混沌地同時形成 比天地形成在先
> **寂穆　獨立不亥**
> 寂靜無聲 沒有形象獨立存在 無邊無際
> **可以為天下母**
> 可以說它是天下萬物之母
> **未知其名　字之曰道**
> 不知它叫做什麼 稱之為道
> **我強為之名曰大大　曰逝逝　曰遠遠　曰反**
> 我勉強為它命名為無限存在 為無形無狀 為無邊無際 為循環不息
> **道　大天　大地　大王　亦大國**
> 道比天大 比地大 比王大 也比國家都大
> **中有四大　王居一焉**
> 裡面有四種大 王只是居其一而已
> **人　法地地　法天天　法道道　法自然**
> 人 要效法地 要效法天 要效法道 要效法自然

老子：談完做人之德，再來談「道」。我的五千言，並非一開始
　　　就講「道」，這是後世儒家篡改後，配合朝廷獨尊儒家之
　　　政策，把第二篇談道搬到前面，編成道德經，根本不是我
　　　的原意。

呂尚：翻開道德經就看到「道可道，非常道，名可名，非常名」，
　　　我個人認為這是非常奇怪的，您老根本還沒有談道是什

麼，就立即「道可道」，這很突兀的。

老子：正是。呂尚呀，這一則因後世斷句錯誤，也已經錯了二千
　　　年了。

呂尚：經典句子也錯了？這非常嚴重。請您老細說。

老子：你想想，在宇宙形成之初，有「物」嗎？

呂尚：沒有，現代天文學都認定初始是能量狀態。不知多少億萬
　　　年以後才形成原子、分子，後來才聚而形成物質。

老子：所以我寫「有狀昆成，先天地生。寂穆，獨立不亥。可以
　　　為天下母，未知其名，字之曰道」。這一段才是談「道」
　　　的由來。

呂尚：確實呀，您老不知宇宙間的那個存在是什麼，便稱為
　　　「道」。這一則才是道篇的第一則呀！

老子：「有狀昆成」非流傳本的「有物混成」。「物」是已經成
　　　長為有名相的東西，才叫物。我寫「有狀昆成，先天地
　　　生」，是描述在天地形成之前的一種狀態。

呂尚：您老是在談「先天地生」之前的能量階段，當然用「狀」
　　　字不是「物」，符合現代宇宙科學所知。

老子：其次，此種能量「昆成」，不是流傳本的「混成」。多條
　　　溪水合流曰混，古音讀「袞」，俗字寫為「滾」，故滾與
　　　混相通。但我在描述宇宙初始狀態，怎麼會用溪水合流的
　　　「混」字呢？

呂尚：楚簡刻的是「上十下竹」，後世已沒有此字了。帛書甲乙

本改為「有物昆成」，西漢竹簡變為「有物緒成」，

西漢簡	帛書乙	帛書甲	楚簡
緒	昆	昆	氼

成」，流傳本變成「有物混成」，所以很多人解釋為「有個東西混然而成」。慢點，我感覺到了，昆 khun、袞 gùn 和滾 kùn 三字台語同音不同調，您老原本的「昆成」，後世因為音韻的關係改為「袞成」，再後來變成「滾成」，然後又變成「混成」。

《說文解字》解釋「昆」就是「同也」，所以「有狀昆成」也通「有狀同成」，正符合宇宙大爆炸後立時形成初始的能量狀態。所以「有狀昆成，先天地生」，您老的用字完全符合當代宇宙形成理論。

老子：呂尚，很好很好，你太認真了。能夠用現代天文學說幫我補充說明，我沒有看錯人呀。

呂尚：下一句，您寫「寂穆，獨立不亥，可以為天下母，未知其名，字之曰道」。流傳本改為「寂兮寥兮，獨立而不改，周行而不殆，可以為天地母，我不知其名，強字之曰道。」多出來不少字。

老子：我遣詞用字都很講究的，「亥」同「垓」，指有界限的存在。「不亥」就是沒有界限。也沒有「兮」字，也沒有「周行而不殆」這五字，整句簡潔明瞭。因為「道」本就是寂靜無聲，沒有形象，獨立存在，無邊無際。它就是天下萬

147

物之母，不知它叫什麼，便稱之為道。

呂尚：精彩太精彩了，「寂靜無聲！沒有形象！獨立存在！無邊無際！可以是天下萬物之母，不知它叫做什麼，便稱之為道」，根本不用多餘解釋，人人都聽得懂，這才是先天地生的宇宙存在狀態呀！精彩，精彩。

下一句「我強為之名曰大ㄥ曰逝ㄥ曰遠ㄥ曰反」，也是用二點ㄥ來表示重複字，所以應該是「曰大大、曰逝逝…」，但流傳本斷句為「強為之名曰大，大曰逝，逝曰遠，遠曰反」。

老子：呂尚呀，你唸唸，比較看看「大曰逝，逝曰遠，遠曰反」和「曰大大，曰逝逝，曰遠遠，曰反」。

呂尚：您老這樣的表述「曰大大，曰逝逝，曰遠遠，曰反」，就是用「大、逝、遠、反」四個字在說明一個道呀，與「大曰逝，逝曰遠，遠曰反」意境完全不同呀。

後世學者搞不清楚「大、逝、遠、反」的意義，就

西漢簡	帛書乙	帛書甲	楚簡

說大到沒有極限就消逝了。消逝到極限就很遠了。遠到很遠又循環回來。

老子：我用「大」表示無限存在，「逝」表示無形無狀，用「遠」表示無邊無際，用「反」表示循環不息。本意是說道是無限存在、無形無狀、無邊無際、循環不息！

呂尚：這樣的邏輯才顯得清清楚楚嘛！好，下一句流傳本寫「故道大，天大，地大，王亦大。域中有四大，而王居其一焉」，我想一定又是斷句有問題。

老子：是矣，我說「道，大天，大地，大王，亦大國，中有四大，王居一焉。」

呂尚：我懂了，這樣斷句又好解釋了。我來說說，您老意思是說，道大於天、大於地、大於王、也大於國。道是無所不在的大，對否？

老子：沒錯，呂子呀，越來越得我真傳了。我是用後面「天、地、人、國」四者來強調「道」充沛宇宙，當然比這四者都要大。

呂尚：可是流傳本改為「道大、天大、地大、王亦大」，變成四樣不相干的東西，害得很多人就解釋成在大道之下，以天為大。天之下，以地為大。地之上，以君王為大。完全沒有顯示大道充沛宇宙之氣魄。

老子：流傳本「道大、天大、地大、王亦大」句子是四分的，各沒關係。然而「道，大天，大地，大人，亦大域」只講一

個「道」的觀念，才是我的本意。

呂尚：真是悽慘了二千多年。您老只是簡單地說「道，大天、大地、大人、亦大國」，就是這麼明白簡潔，道是最大的存在，可是後世二千年統統誤解了。接著是很多人朗朗上口的「人法地，地法天，天法道，道法自然」。

老子：斷句也錯了，我是寫「人，法地地，法天天，法道道，法自然。」

呂尚：完了完了又完了。「人法地，地法天，天法道，道法自然」是二千多年來的經典句子，不知多少人引用過，您老卻說錯了，所有研究道德經的人，怎麼辦。

老子：你用河洛音台語唸唸看，「人法地，地法天，天法道，道法自然」和「人，法地地，法天天，法道道，法自然」，有什麼不同？

呂尚：「人法地，地法

西漢簡	帛書乙	帛書甲	楚簡

天，天法道，道法自然」，好像有點不太順口。「人，法
地地，法天天，法道道，法自然」，唉呀是啊，真的大不
同呀。

老子：我講「人，法地地，法天天，法道道，法自然」，指人同
時要效法地、效法天、效法道、效法自然四者，也就是說，
人必須尊重周遭的一切。我習慣用簡潔明白的重複字句
型，只有如此地反反覆覆地思考，一切方能自然明白。

呂尚：確實呀，句型不同，意境也不同。唉呀，簡簡單單相同的字，
斷句不同，差異如此之大，唏噓呀！太有意思了，《詩經》
也是充滿重複字，有興趣的人可以翻閱《詩經》，有韻味，
有意思。

> **道恆亡名　樸雖細**
> 道永遠無法形容 像個未切割的樸素木頭非常細微
> **天地弗敢臣**
> 但天地間沒有什麼不敢臣服於它
> **侯王如能守之　萬物將自賓**
> 為政者若能守此大道 萬物就會自然臣服於道

老子：接著我又在說明「道」，首先說道是永遠無法被具體描述
　　　或是形容的。

呂尚：流傳本改為「道常無名」，好像說道常常無法形容，那也
　　　是說有時可以描述了？不是的，「道恆亡名」才對。

老子：道就像木頭尚未被切割做成器物一般，無法稱呼它。又是
　　　空虛地存在，讓人感覺不到，但天地間沒有什麼不敢臣服
　　　於它。

呂尚：楚簡寫為「樸雖細」，帛書乙與西漢簡寫為「樸唯小」，
　　　「小、細」二字用國語唸是不同音，但用河洛話台語唸都
　　　是同樣的 se 音，可見在古代是同一字意。下一句「侯王如
　　　能守之，萬物將自賓」。我查《爾雅釋詁》：「賓，服也。」
　　　《說文》：「所敬也。」又「君為主，臣為賓。」所以是
　　　臣服的意思。

老子：所以我說，在位的侯王們若是能守此自然大道，萬物就會
　　　自然臣服於道。

呂尚：不管做任何有情，一切都要守大道，這是基本原則呀！

道恆亡名也
道永遠無法形容呀
侯王能守之　而萬物將自為
為政者能遵守大道 萬物就會自覺地自然發展
為而欲作　將貞之以亡名之樸
能自覺發展就會成長 就會用無法形容的道去充實他們
夫亦將知足
萬物自覺發展 自然知足
知足以情 萬物將自正
能知足於本性之情 萬物就會自然走上正途

呂尚：因為「道」很難明白，所以您老不厭其詳地用各種方式來
　　　說明「道」。此則和上一則相同寫「道恆亡名」，但是流
　　　傳本改為「道常無為而無不為」。

老子：我本意在上則已說過，道是永遠無法具體描述形容的，後
　　　世儒家把我形容為消極的「無為而無不為」，非我本意，
　　　所以要透過此書還原真言。

呂尚：上一則寫「侯王如能守之，萬物將自賓」，這一則寫「侯
　　　王能守之，而萬物將自為」，似乎意思一樣。

老子：沒錯。為政者能遵守大道，萬物就會自覺地自然發展。

呂尚：「為而欲作，將貞之以亡名之樸」，流傳本改為「化而欲
　　　作，我將鎮之以無名之樸」。從楚簡可以清楚看出是「貞」
　　　字，帛書甲毀損，帛書乙改為「闐」，西漢簡也是「貞」，
　　　流傳本就改為「鎮」。

老子：非「鎮」，無鎮伏之意。「貞」即正也，填補充實之意。
　　　所以本句是說，萬物自覺作為，我就會用無法具體描述的
　　　自然大道去充實他們。

呂尚：「夫亦將知足，知足以情，萬物將自正」，流傳本篡改為「夫
　　　亦將無欲，不欲以靜，天地將自定」。從楚簡很清楚看出
　　　是「智（知）足」，可惜後世三個版本不知為何通通改為
　　　「不辱」？而流傳本更改為「無欲」，意義全偏差了。

老子：還有一字，我寫的是「情」，被篡改為「靜」，完全背離
　　　我的本義。

呂尚：是的。楚簡寫「青」，帛書甲寫為「上青下心」，乙本寫
　　　為「綪」，都是「情」的不同時代寫法。根本沒有「爭」
　　　的偏旁，然而西漢簡與流傳本都改為「靜」，把您老的思
　　　想誤解了。

老子：「情」為宇宙萬物存在的根本原素，也是人類不可缺少的
　　　美德。所以此句我意指：施行自然之情的大道，讓萬物不
　　　違背自己的天性，會自覺發展。萬物知足於本性之情，自
　　　然會朝正道發展，天地間所有事物就會自然走上正途。

呂尚：原來如此，這樣更正，道理非常清楚了。

> **道　生一一　生二二　生三三**
> 道這個宇宙本體 形成一一 形成二二 形成三三
> **生萬萬物物**
> 形成萬萬物物
> **負陰抱陽　中氣以為和**
> （道本身）負陰抱陽 以靜為中 陰陽相和

呂尚：再來就是人人會唸的「道生一，一生二，二生
　　　三，三生萬物。萬物負陰而抱陽，沖氣以為
　　　和」，此則楚簡缺，帛書甲本只剩「中氣以為
　　　和」五個字。乙本只有「道生一ㄟ生二ㄟ生三
　　　ㄟ生……以為和」（圖左）。不過西漢竹簡就
　　　很完整寫著「道生一ㄟ生二ㄟ生三ㄟ生萬ㄟ物ㄟ
　　　負陰抱陽中氣以為和」（圖右）。當然，現在
　　　讀者都知道打二點ㄟ是與上一個字相同。

老子：你用台語唸唸看這樣的斷句：「道、生一一、
　　　生二二、生三三、生萬萬物物，負陰抱陽，中
　　　氣以為和。」

呂尚：「道、生一一、生二二、生三三、生萬物萬物」，真的是
　　　音韻有不同呀，那種台語八音調的韻味全出來了。而且在
　　　一一二二三三萬萬物物之後，「負陰抱陽」是指「道負陰
　　　抱陽」，不是「萬物負陰而抱陽」！

老子：完全正確。「道、生一一、生二二、生三三、生萬物萬物，

負陰抱陽，中氣以為和」才是我的本句，一、二、三、萬物四個階段都只是為道所生，最後圓滿描述道的陰陽中和狀態。

呂尚：如果不去理會四個「生」的過程，就剩下「道，負陰抱陽，中氣以為和」，正是太極圖的形狀，方能圓滿描述道的陰陽中和狀態，那才是道的本身，怎麼會說「萬物負陰抱陽」呢？唉呀，這是二千年來道德經學者思想上的一個大衝擊呀，他們各自解釋「道生一，一生二，二生三，三生萬物」一輩子了。

老子：要推翻錯誤舊觀，才會有正確新觀。好好唸，來體會一下道的深情，宇宙之道是誕生了一個東西又一個東西，生了無數的一，又生了無數的二、無數的三、無數的萬萬物物，這才是宇宙一種動態的、寬容的、開拓的、無限的發展呀。才能體會宇宙是活的生命體呀！

呂尚：確實確實，我感覺這是動態的宇宙發展，動的、活的。令人感動呀！

老子：宇宙是動態的、活的。我用一、二、三只是表示過程而已，後世學術界卻對「道生一，一生二，二生三，三生萬物」有太多個人的解釋，又都不同。但是重點不在這裡，重點在「道……負陰抱陽，中氣以為和」明白其道理就行了，不必深究一、二、三是什麼。

呂尚：「中氣以為和」被王弼改成「沖氣以為和」，後世人就統

統以此解釋。帛書甲與西漢竹簡都很清楚可以看出是「中」不是「沖」。

老子：中為道之靜，沖為道之動。一則表靜，一則表動，動靜皆宜，陰陽相和，呈現生生不息的相。不過「靜」為核心，如靜修、靜心、清靜，都在表示靜方能進入更深層的境界。所以應為「中」字。

呂尚：原來如此呀。

> **道盅而用之　有弗盈也**
> 道空虛存在 人人都可運用 不會約束其使用的程度呀
> **瀟呵　始萬物之宗**
> 深沉清澈呵 開始於萬物之前的遠古
> **湛呵　佁或存**
> 清楚明白呵 靜止卻似乎無所不在
> **我不知其誰之子也**
> 我也不知道它是怎麼來的呀

呂尚：第一句流傳本改為「道沖而用之，或不盈」，《說文解字》
　　　「盅，器虛也」，就是指器物內部必須是空的才能容納物
　　　品。後世將「盅」改為「沖」，《說文解字》「沖，涌搖也。
　　　從水、中。讀若動。」與器物的空心意義無關。

老子：正是如此，我寫「道盅而用之，有弗盈也」，是說道空虛
　　　存在，而人人都可運用之，人人可以擁有，不會約束其使
　　　用的程度呀。

呂尚：這才是人人可用的宇宙大道呀！下一句「瀟呵，始萬物之
　　　宗。湛呵，佁或存。」

老子：我意思很簡單，道這個宇宙規律，深沉清澈呵，起始於萬
　　　物之前的遠古。清楚明白呵，靜止固滯在那裡好像無所不
　　　在。

呂尚：《說文》：「瀟，謂深而清也」，《國語辭典》：「水深
　　　清澈的樣子」，所以「瀟」表示水塘很深又清澈。帛書
　　　甲很清楚可以看出是「瀟」字，乙本之後的版本就改為

「淵」，但「淵」字是「回水也。從水，象形。左右岸也。中象水 。」根本沒有水深而清的意思。而「湛」字是清澈、清楚、精湛等意。「佁」在《說文》是「不前也」，《康熙字典》是「固滯貌」，也就是表靜止、固滯、無法前行的樣子。

老子：「我不知其誰子也」就是說我也不知道它是怎麼來的。

呂尚：哈哈，如此精簡明瞭的表達：道，深沉清澈呵，開始於萬物之前的遠古。清楚明白呵，靜止卻似乎無所不在。您老說我也不知道它是怎麼來的。後世版本多了「象帝之先」四個字。

道　可道也
宇宙的真理 大家都可用自己觀點去解說呀
非恆道也
但都不是那永恆的宇宙真理呀
名　可名也
宇宙的名狀 大家都可用自己觀點去形容呀
非恆名也
但都不是那永恆的宇宙名狀呀
无　名萬物之始也
无 是萬物源出之前的能量階段呀
有　名萬物之母也
有 是萬物源出之後的物質階段呀
恆无欲也　以觀其眇
永遠沒有欲望呀 才能觀察宇宙萬物的細微奧妙
恆有欲也　以觀其所噭
永遠充滿欲望呀 所觀察到的只是萬物的表相
兩者同出　異名同謂
「无」與「有」兩者同出於宇宙 名稱不同但意義相同
玄之有玄
都是宇宙深奧又玄妙的道理

呂尚：這就是流傳本的第一則，也是最有名的一則了。但是大家
　　　看到的卻是「道可道，非常道。名可名，非常名」。

老子：差矣差矣。我當時寫的是「道，可道也，非恆道也。名，
　　　可名也，非恆名也」。

呂尚：流傳本把「也」字統統刪去。在帛書甲乙本與西漢竹簡都
　　　很清楚看出是「恆」，但因避諱漢文帝劉恆的名字，才把

整本道德經的「恆」字都改成為「常」。

老子：「恆」與「常」累同，但意義略有不同，「恆」是
修飾語、形容詞，如「恆道、恆德、恆名、恆善救
人」。而「常」字是名詞，如「知常、襲常」。要
改正回來，才能體會我用字的用心呀。

我的文字被篡改並誤解二千多年了，所以才要在
二十一世紀找你幫忙呀！在此我說的是：宇宙大道，
每個人都可以用自己的認知去解說，但那些都只是
個人的觀點而已，並非那永恆存在的宇宙之道呀！

呂尚：整個原始思想非常透澈的出來了，而且是肯定句型。
但被篡改成「道，可道，非常道」後，二千年來歷
代學者全都解讀為：道可以道的話，就不是宇宙規
律，變成否定句了。而且我用台語唸「道，可道也，
非恆道也」，抑揚頓挫韻味十足，但是唸「道，可道，
非常道」就很僵硬了。

老子：我說的「道」是萬物尚未形成之前的宇宙規律，難
以用語言文字去形容及描述。可是世人卻偏偏喜歡
以自己認知的去說明這個「道」，這些都只是人觀點的
「道」而已。而永恆的宇宙規律「道」，無論人類如何解說，
都無法表述的。

呂尚：使我想起《金剛經》：「凡所有相，皆是虛妄」。釋迦牟
尼佛也說過他自己說法 45 年，也沒有在說法。可知釋迦

牟尼佛也對「宇宙真道」有體悟，道是無法用言語文字解說的。所以可知「名，可名，非常名」也不對，應是「名，可名也，非恆名也」，就有了正確的理解。

老子：「名」是指萬物形成還沒有名字之時，一旦萬物形成有形體，可以看得出來，人類就給它取個名字，這只是人類的命名而已，並非那本身恆常的「名」。

呂尚：又令我想到《金剛經》，例如「杯子」是人類賦予的器物名字，稱為杯子，裝水就叫水杯，裝酒就叫酒杯。《金剛經》說「若菩薩有我相人相眾生相壽者相，即非菩薩」。又說「世界，非世界，是名世界」都是此意。您老的名句與佛學名句同樣句型，這樣解讀才對吧！實在精彩！

老子：正是如此。

呂尚：由帛書甲乙本與西漢竹簡都可清楚看出，確實是「道可道也非恆道也」，第二句「名可名也非恆名也」。用河洛話來唸「道 dôu，可 ke 道 dôu 也 ya，非 hui 恆 hîng 道 dôu 也 ya。名 mein，可 ke 名 mein 也 ya，非 hui 恆 hîng 名 mein 也 ya」，確實有吟唱音韻之勢。

接著是「无名萬物之始也，有名萬物之母也」流傳本斷句為「無名，天地之始。有名，萬物之母」，又改了二個字。

老子：我原寫「无，名萬物之始也。有，名萬物之母也」，與天地無關。

呂尚：古代沒有標點符號，大家也搞不清楚您老的本意，所以把

「无，名萬物之始」認為是「無名，萬物之始」也不能怪大家。

老子：「无」指「萬物之始」的狀態，是在描述萬物源出「之前」的階段。「有」指「萬物之母」的狀態，是在描述萬物源出「之後」的階段。

呂尚：所以，您老的意思是指宇宙誕生到形成萬物之間的那個階段叫做「无」，是能量態。在萬物形成之後就稱為「有」，是物質態。

老子：正是。所以非「無名，天地之始，有名，萬物之母」。斷句之差，加上篡改，原意全失。希望大家徹底明白「无」的深意，以後我就不一一解說了。

呂尚：好，下一句，「恆无欲也，以觀其眇；恆有欲也，以觀其所噭。」流傳本把

帛書甲	帛書乙	西漢簡
眇	（毀損）	眇

「眇」字妄改成「妙」，把「噭」妄改成「徼」。

老子：我本意是說，只有處在永恆清靜無欲之時，才能觀察出宇宙萬物細微深奧的道理。如果心中充滿欲望，有所追求之時，所觀察到的只是萬物的呼喊鳴叫表相而已。

呂尚：這誤差也太多了吧。由帛書甲與西漢簡可以看出不是「妙」而是「眇」，指最細微。「噭」指呼喊鳴叫，西漢簡改為「僥」，通行本改為「徼」，徼是邊界、巡查之意，完全不相關。

接著「兩者同出，異名同謂，玄之有玄」，被篡改為「此兩者，同出而異名，同謂之玄」，當然也錯了。

老子：「兩者同出」是指「无」與「有」這二個同出於宇宙，如陰與陽、正電負電、正極負極一樣，是無法分開的，是同時存在的。「異名同謂」指正負陰陽名稱不同但意義相同。「玄之有玄」指都是宇宙非常深奧的道理。

呂尚：這一則千古名言，楚簡並沒有，而在帛書甲本中就相當完整，反而是帛書乙本缺的比較多。如今終於還原真相了，經過二千多年了，難得呀！

返也者　道之動也
循環的狀態 是宇宙大道動態的表現呀
弱也者　道之用也
微弱的存在 是宇宙大道靜態的內涵呀
天下之物　生於有生於无
天下萬物 都是從有而生也是從无而來

老子：「返也者，道之動也。弱也者，道之用也」，是在反覆說
明宇宙規律不是絕對的，是相對的，是不斷循環的，是反
覆運行的。就像太極圖的黑白陰陽，動態的，有往有返，
有動有靜，有強有弱，有有有无。也就是在說：宇宙是變
動無常的，不是固定不變的。

呂尚：所以，無論怎樣運行，都是從道的本體出發，不管如何反
覆如何循環，最後還是歸於微弱與寧靜。

老子：返回原本之處，是道之所以循環。最後返回靜態，是道之
最後表徵。

呂尚：這一則最後一句流傳本寫「天下之物，生於有，有生於无」，
您老傳訊給我是「天下之物，生於有生於无」，流傳本指
萬物先生於有，再生於無，是兩個過程。但是您老是「同
時」生於有與无，是一個過程。

老子：後世版本多了一個「有」字，你讀讀看，有沒有个同的感
受？

呂尚：我用台語吟誦一下，「天下之物…生於有…生於无」，「天

下之物…生於有…有生於无」，後者不順暢呀，在「有」中間似乎有卡住，意境全然不同呀！精彩呀！沒這樣唸誦，還真不知韻味如此呀！

老子：前面說過「无」不是無，是宇宙初始形成時的能量態，「有」是形成之後的物質態，兩者是連續的，動態的。並非兩個分別階段。

呂尚：是的，天下之物「生於有生於无」，意指天下之物都是從「有」而生也是從「无」而來。是「无有」連續的過程，不是「生於有，有生於無」的二段直線過程。

我想到了，現代天文學已經描述非常多的星系星團，包括太陽系，都是物質態，已存在數十億年。但是天文學家也同時發現宇宙當中仍然有能量態的存在，沒有形成物質星球，可見能量與物質仍然是同存的。而且 2003 年美國航太總署已經定出我們所知的宇宙占不到 5%，還有占 25% 的暗物質，占 70% 的暗能量，可見目前宇宙當中「无」還是多於「有」呀！

有亡
有、无這二者
相生難易
相生出難和易
相成長短
相成就長和短
相形高下
相形出高和下
相涅音聲
相振出音和聲
相和先後
相應和出前後
相隨恆也
永遠相互伴隨

呂尚：流傳本斷句為「有無相生，難易相成，長短相形，高下相傾，
　　　音聲相和，前後相隨」，好像也很對仗。

老子：我是用後面這六句「相生難易，相成長短，相形高下，相
　　　傾音聲，相和先後，相隨恆也」來說明「有、无」。指「有」
　　　和「无」二者彼此互動，相生出難和易，相成就長和短，
　　　相形出高和下，相振動生音和聲，相應和產生前和後，兩
　　　者永遠互動相隨，是永恆道理。

呂尚：也就是說，那五句是「有、无」互動形成的現象。若是深
　　　入體會之後，不用看中間這些現象，直接體會就是「有无，
　　　相隨恆也」，如同太極圖的黑白（有、无），永遠在一起，

　　不能分割。也如同陽極陰極，永遠相隨，不能分開，這是
　　永恆現象。

老子：正是。此即為宇宙正常現象。

呂尚：原來如此。不過後人錯誤詮釋二千年了，可惜呀。

天地相會也　以逾甘露
天地陰陽之氣和合交會 自然降下甘露時雨
民莫之命　天自均安
人們沒有對它發號司令 會很自然均平降下
始制有名
一開始就要用正確名義奠下制度
名亦既有　夫亦將知止
名義既然有了 為政者就要知其所止
知止所以不殆
能夠知其所止就不會有危險
俾道之在天下也
因為宇宙大道流布於天下呀
猷小浴之與江海
就像小溪流自然流歸於大江海

呂尚：「天地相會也，以逾甘露，民莫之命，天自均安」。楚簡
　　　寫「會」，後世版本統統改為「合」，幸好此兩字意思差
　　　不多。

老子：天地陰陽之氣和合交會，自然降下甘露時雨，人們沒有對
　　　它發號司令，會很自然均平地降下來。

呂尚：「始制有名，名亦既有，夫亦將知止，知止所以不殆」。

老子：一開始就用這種無法描述的自然之道來奠下制度，成為具
　　　體名言，為政者就要知其所止，能夠知其所止，就不會有
　　　危險。

呂尚：「俾道之在天下也，猶小浴之與江海」。

老子：這個宇宙大道流布於天下，就像山谷中的溪流自然流歸於
　　　大江大海。

呂尚：原來如此，是這樣的意思，太清楚了。

在此我要補充說明一下這個「浴」字。在

楚簡	帛書甲	帛書乙	西漢簡

楚簡、帛書甲乙本可以看出全是很明顯
的「浴」字，但西漢竹簡與流傳本改為
「谷」。而且道德經全文的「浴」統統被
後世改為「谷」，意思全錯了。

在古代「浴」除了指沐浴之外，其象形字就是「上谷下
水」，指山谷下的河流，重點是百川溪流。所以您老用「小
溪流」來對比「大江海」，重點在水，不在谷。

現在有了楚簡與帛書的「浴」字出現，兩岸研究道德經的
學者還是習慣用「谷」來解釋，我就想不通了，為何執迷
不悟？真是想不通。

老子：他們已經解讀「谷」數十年了，若要將谷改為浴，不嗇要
　　　他們推翻自己過去講解數十年的認知，做不到的。這也就
　　　是我找汝的原因了，想通了吧！

呂尚：我也不能多說什麼。

> **孔德之容　唯道是從**
> 大德是道的外在呈現 一切都是遵守道的原則
> **道之物　唯望唯沕**
> 道這個東西 客觀虛無地存在著
> **沕呵望呵　中有象呵**
> 虛無啊客觀啊 其中開始出現形象
> **望呵沕呵　中有物呵**
> 客觀啊虛無啊 其中開始出現物質
> **幽呵冥呵　中有情呵**
> 幽微啊混沌啊 其中開始出現有情生命
> **其情甚真　其中有信**
> 宇宙的情是真實的 可以證實的
> **自今及古　其名不去**
> 從現在推演至遠古 其名稱都沒改變
> **以順眾父**
> 可回溯到萬物之始源
> **我何以知　眾父之然哉　以此**
> 而我何以能知 萬物始源的情狀呢 是道給我的啟示

老子：宇宙大道不易懂，所以我又用另外的方法說明之。這裡首
　　　次提到道與德的關係，曰「孔德之容，唯道是從。」

呂尚：「孔德」兩字，難懂呀。

老子：「孔德」大德也。「容」動也。德為道之用，道為德之本。
　　　故「孔德之容，唯道是從」即為「大德之動（道之用），
　　　只順乎道（德之本）」。也就是說外在顯現的德，是由內
　　　在的道所主宰。

呂尚：也就是說「內在是道，外在是德」，德要守道的原則。

老子：正確。道是內在，德是外在。我繼續說明過程，「道之物，唯望唯沕。沕呵望呵，中有象呵！望呵沕呵，中有物呵！幽呵冥呵，中有情呵！其情甚真，其中有信。」

呂尚：流傳本篡改很多，變為「道之為物，唯恍唯惚。惚兮恍兮，其中有象。恍兮惚兮，其中有物。窈兮冥兮，其中有精。其精甚真，其中有信」，真要好好還原改正了。

老子：「道之物，唯望唯沕」，指道這個東西，客觀虛無地存在著。「望」即客觀，沕即虛無。「道之物」即為「道之用」，就是指德。本句是在講，德與道一樣也是虛無客觀地存在。

呂尚：原來如此。接著「沕呵望呵，中有象呵！望呵沕呵，中有物呵！幽呵冥呵，中有情呵！其情甚真，其中有信」

老子：這些對句是在描述宇宙能量態生物質態的過程。「沕呵望呵，中有象呵！」就是虛無啊客觀啊，其中開始出現形象。「望呵沕呵，中有物呵！」就是客觀啊虛無啊，其中開始出現實物。「幽呵冥呵，中有情呵！」就是幽微啊混沌啊，裡面開始出現有情生命。「其情甚真，其中有信」，宇宙中的這個情是真實的，可以證實的。

呂尚：妙哉妙哉，精彩精彩。您老所說過程，與現代宇宙誕生到萬物出現的過程完全相同。一開始，宇宙原本混沌，沒有東西，只有能量，您老稱之為「狀」。後來正負能量相吸相斥，產生引力，開始凝聚星塵，此時就是「中有象」的

階段。後來星塵凝聚越來越大，形成各式各樣星球，就是「中有物」。後來有些星球上面出現生物，正是「中有情」。這些過程是真實的，現代科學已公認，也就是「中有信」呀！妙哉妙哉，您老所言就是現代宇宙形成過程呀，您老怎麼會描述得如此精確？

老子：此為我當時進入沕恍幽冥情境，見到的宇宙形象變化過程，不過只是照實描述出來而已。

呂尚：那就很偉大了，用後世的佛教術語來說，您老就是「行深般若波羅密多時」所見，正是宇宙形成過程呀！

觀世音菩薩也是「行深般若波羅密多時」，照見五蘊皆空，觀看到宇宙間物質（色）即是能量（空），空（能量）即是色（物質）之本體，寫在《心經》裡，與您老意境相同，精彩呀！

好，下一句：「自古及今，其名不去，以順眾父。我何以知眾父之然哉？以此。」由帛書甲乙本與西漢簡都可以看出是「眾父」，不是「眾甫」。

老子：「眾父」指萬物之始源。「其名不去」是說它的名稱都沒有改變，可回溯到萬物之始源。而我何以知道萬物始源之情狀呢？是道給我的啟示。

呂尚：您老這一則，可謂完全與現代宇宙論相同，妙哉。也可推知，您老一定在深層冥想中，進入與宇宙交融的腦波境界中，就佛陀的悟一樣，精彩呀！

> **尋尋呵　不可名也　復歸於无**
> 大家都在尋找道 卻無法有正確稱呼呀 到頭來還是找不到
> **是謂无狀之狀　无物之象**
> 所以稱為看不出形狀的形狀 看不出物體的形象
> **是謂忽恍**
> 稱為忽恍
> **隨而不見其後**
> 跟隨在道的後面卻看不見它的後面
> **迎而不見其首**
> 在道的前面迎接卻看不見它的前頭
> **執今之道　以御今之有**
> 掌握了現今的宇宙規律 方能駕馭現今的事物
> **以知古始　是謂道已**
> 要了知遠古宇宙的起源 就是道矣

老子：從古至今，大家都在尋找宇宙大道，可是找不到。所以我
　　　說「尋尋呵，不可名也，復歸於无。」

呂尚：王弼將「尋尋呵，不可名也，復歸於无」篡改為「繩繩不
　　　可名，復歸於無物」，後世就有解釋為像繩索般繁多糾結，

也有解釋為綿綿
不絕，可見都不
對了。下一句

帛書甲	帛書乙	西漢簡	通行本
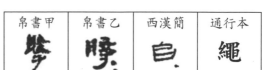			

「是謂无狀之狀、无物之象，是謂忽恍。」

老子：因為道是無形又充沛天地的存在，看不出形狀的形狀、看
　　　不出物體的形象，處於一種稱為「忽恍」存在的狀況中，

174

好像無又好像有的一種微妙感覺。

呂尚：「隨而不見其後，迎而不見其首」，很明白了。

老子：想要跟隨在道後面，卻看不見它的後面。想要在道前面迎
　　　接，卻看不見它的前頭。

呂尚：「執今之道，以御今之有。以知古始，是謂道已」，帛書
　　　甲乙本都用「今」，西漢簡與通行本改為「古」，變成「執
　　　古之道，以御今之有」。

老子：我前面說過「道，可道也，非恆道也」，道是經常在變的，
　　　所以要「執今之道，以御今之有」，指掌握了現今之宇宙
　　　規律，方能駕馭現今存在之萬物。

呂尚：「執古之道，以御今之有」就是執著於古代規制，不知隨
　　　時代變遷而調整，那是僵化的作為，無法因應時代的變遷
　　　而調整。所以您老說「執今之道，以御今之有」，才是正
　　　確的方法。

老子：「古始」為太初無名之始，即道之開端。所以說，要了知
　　　遠古宇宙的起源，就要從道開始。意思很簡單，就是道呀！
　　　不是後世篡改的「道紀」。

道生之　而德畜之
道滋生萬物之後 德才能不斷養育萬物
物形之　而器成之
物體被形塑造成之後 器具才能算完成
是以萬物　尊道而貴德
所以萬物都要 尊崇道而寶貴德
道之尊　德之貴也
道值得尊崇 德值得貴重呀
夫莫之爵　而恆自然也
人們不可以太執著 這本來就是自然現象呀
道 生之 畜之 長之 遂之 亭之 毒之 養之 覆之
道之於萬物 有滋生 蓄養 成長 成熟 享樂 受苦 頤養 死亡之全過程
生而弗有也
天地生育萬物卻很少占有他們
長而弗宰也
成長萬物卻很少主宰他們
是謂玄德
這才叫宇宙合一的德

呂尚：流傳本把「物形之而器成之」改為「物形之勢成之」，「夫
　　　莫之爵而恆自然也」改為「夫莫之命常自然」。

老子：我說「道生之而德畜之，物形之而器成之」。宇宙大道不
　　　斷滋生萬物，德才能不斷養育萬物。物體被形塑造成之後，
　　　器具才能算完成。

呂尚：這樣一解說就很清楚了。這也呼應了下一句「是以萬物尊
　　　道而貴德」，因為道與德對萬物而言，體現的是生與養的

重要意義，所以萬物都要尊崇道，而寶貴德。

老子：很好。接著「道之尊，德之貴也，夫莫之爵，而恆自然也」，是指道值得尊崇、德值得貴重，人們不可以太執著，這本來就是自然現象。

呂尚：王弼篡改為「道之生，德之貴，夫莫之命而常自然」，和您老幾個字之差，解讀還是有異呀。不過我不懂此處何以用「爵」？我查了《說文》：「爵，禮器也」，就是古代有三足的喝酒的器具。

老子：我寫「夫莫之爵」，表示不要把大道當做禮器般去講究喝酒禮儀，大道是自然現象。

呂尚：哈哈，我想到一事，喝茶就是要享受好茶的茶香茶味，喜歡用大玻璃杯沖泡的人就用大杯子，想用小杯子慢慢品的人就用小杯子，隨自己的心來享受好茶。但是日本人卻搞成茶道，講究一道一道工序，結果，根本失去喝茶的樂趣，搞成一種要坐得很刻板的禮儀，根本沒能好好品嚐茶香茶味。

老子：正是正是。接著我說「道，生之，畜之，長之，遂之，亭之，毒之，養之，覆之」，在說宇宙大道之於萬物，有從生到死的全過程，我用滋生、蓄養、成長、成熟、享樂、受苦、頤養、死亡來表述。

呂尚：這樣一說，就容易明白了。從生到覆的全過程，都是道育萬物的過程。可是流傳本改為「故道生之，德蓄之、長之、

育之、亭之、毒之、養之、覆之」，變成道只負責「生之」，後面所有過程都是「德」的工作，我怎麼想似乎都有過不去的一種感覺。而且，核對帛書甲乙本與西漢竹簡，也統統是「道生之畜之長之遂之亭之毒之養之覆之」，只有流傳本篡改。

老子：證之原文矣。

呂尚：接著「生而弗有也，長而弗宰也，是謂玄德」，流傳本把「弗」都改為「不」，句子篡改為「生而不有，為而不恃，長而不宰，是謂玄德」。把原本「弗」表約束、少占有的描述變成「不」，意思有差了。也多了一句「為而不恃」。此處的「玄德」兩字很難理解。有人認為是玄妙。

老子：我只是很簡單地說，天地生育萬物卻很少去占有他們，成長萬物也很少去主宰他們，這現象稱為宇宙玄德。
　　　前面說過「有无兩者，同出異名，同謂之玄」，是說「有、无」兩者由同一個源頭顯現而出，只是名稱不同而已，同稱之為玄，也指一種共同存在之狀態。因此「玄德」也包含有德无德之狀，沒有「有、无」之分。了解否？

呂尚：是的，我似乎有些明白了。正如同正電負電，也是同出異名，統稱為電。所以不論有，不論无，同稱為玄，表示一種共同存在的狀態。因為宇宙本體本來就是「一」的存在，沒有分別，就像太極圖，一半黑一半白，不能分開才是太極呀！無極生太極，「無極」的狀態就是「玄」的能量態，

並非玄秘，而是「合一態」。

我想到量子力學與弦理論，已經認知萬物由細胞組成，細胞由分子組成，分子由原子組成，原子由粒子組成。科學家再研究不去，再往下觀，是否粒子由更小的東西組成？結果發現沒有了，反而出現波動能量。所以愛因斯坦會說「萬物皆是能量」，表示萬物是由不同頻率的能量形成的。所以，這個玄德的境界可以認知為「宇宙萬物頻率共振」的最高境界？

老子：善哉善哉。玄為存在狀態，就套用你所言，黑白陰陽共存之狀態，萬物頻率共振之狀態。「玄」非指玄妙，「玄德」正是指「德是合一的存在態」。

呂尚：精彩精彩，佩服佩服。您老早就寫出現代尖端科學的宇宙狀態，可惜一般研究道德經的人都以哲學角度在做個人詮釋，可惜了。

> **上士聞道　董能行於其中**
> 上等士人聽聞宇宙大道 知道要謹守而且要實踐
> **中士聞道　若聞若亡**
> 中等士人聽聞宇宙大道 好像有聽沒有懂
> **下士聞道　大笑之**
> 下等士人聽聞宇宙大道 因為聽不懂就大笑
> **弗大笑 不足以為道矣**
> 連笑都不笑的人 不用跟他們講宇宙大道了

老子：接著，我用不同程度的人聽聞道之後的表現來說明道。

呂尚：這一則前二句流傳本改為「上士聞道勤而行之；中士聞道 若存若亡」。帛書甲本缺失這一則，楚簡與西漢竹簡很明顯都是「董」字。而楚簡寫「若聞若亡」，可是何以帛書乙本就改為「存」，應該是當時口傳之誤。

老子：我很簡單地表述，上等士人根基深厚見識超群，志量廣大，一旦聽聞宇宙大道，知道要謹守，然後去實踐。

中等士人見識不足，對道的認識不清，雖然聽聞宇宙大道，好像有聽沒懂。

下等士人見識淺薄，聽聞宇宙大道，因為聽不懂，不知道為何物，就大笑。

如果連笑都不笑的人，就比下等士人都不如，就不用跟他們講宇宙大道呀！

呂尚：這樣一說，清清楚楚，一點都不會失誤。原來是在講四種不同智慧層次的人對道的反應。

是以建言有之
所以有此建設性之言
明道如孛
明白宇宙大道的人如彗星般閃亮
進道若退
勵行大道的人不會逞強 宛如後退
上德如浴
具高尚道德的人如百川溪流能容一切
大白如辱
內心潔淨的人不會計較 宛如受辱
廣德如不足
廣大德行的人會很謙虛 宛如不足
建德如貞
建立大功業的人必有過人正直節操
質德如愉
能質疑大道的人態度會有所變好
大方亡隅
寬宏大度的人心量廣大無邊無際
大器免成
大器度的人自然天成不需被產生
大音希聲
極大的聲音是聽不見的
天象亡形
天的形象是沒有具體形狀的
道始亡名
宇宙大道從一開始就沒有名字

呂尚：接著這一般很長，「是以建言有之曰」，可見是您老建設
　　　性的話。

老子：「孛星」是指光芒強盛的彗星，所以「孛」指草木茂盛之意，所以「明道如孛」是指明白宇宙大道的人，好像彗星般具有亮麗的氣質。

呂尚：流傳本改為「明道如昧」，明道的人怎麼會昧呢？意義完全相反。

通行本	西漢簡	帛書乙	楚簡
昧	𣶒	賈	孛

老子：「進道若退」指能勵行大道的人，不會逞強，不會搶在先，事事讓人。「上德如浴」指具有上等道德的人，心量廣大，如百川溪流般澎湃。

呂尚：在楚簡與帛書中都是用「浴」，後世版本就改為谷。

老子：「大白如辱」指內心潔淨的人，不會計較得失，總是吃虧受辱之樣。「廣德如不足」指有廣大德行的人，不會自以為有德，仍然謙虛。「建德如貞」，貞指有節操，所以「建德如貞」指能建立大功業的人，必有過人的節操。

呂尚：在楚簡與帛書乙很明顯可以看出都是「貞」，西漢簡改為「榆」，「榆」是落葉喬木，建立大功業的人怎麼會如落葉喬木？流傳本更不知何故篡改為「偷」，變成「建德如偷」，建立大功業的人如小偷嗎？真是篡改得太離譜了。甚至有人解釋成「偷情」，哀哉呀。

老子：「質德如愈」，「愈」是愈來愈好之意。指能質疑道德的人，對大道的態度會有所變好。

呂尚：下一句「大方亡隅，大器免成，大音希聲，天象亡形，道始亡名」。

老子：「隅」邊緣，「大方亡隅」指形狀大到看不見邊緣，所以「大方亡隅」指寬宏大度的人，心量廣大無邊無際。

「大器免成」，不是通行大器晚成，本意是說大器度的人本來就自然存在，本來就具足一切，完美無缺，不是慢慢形成的。

呂尚：楚簡的用字就是後世的「免」，帛書乙也寫免成，西漢簡改為勉成，流傳本改為晚成。用河洛話台語唸「曼、晚」都是 ban 音，所以後人口傳誤為「晚」。

「免、勉」也是 bián 音。四個字搞混了。

老子：「大音希聲」是說很大的聲音是聽不見的。

呂尚：用現代音波來解釋，超過人耳接收的音頻範圍的低音或是高音波，耳朵都聽不到。您老的「大音希聲」早就解釋超音波的道理了。

老子：不錯不錯，你用現代科學幫我解釋，得我心。「天象亡形」，天象可以指大空，它是無形無相，卻包含萬有，千變萬化，但沒有具體形狀。

呂尚：最後一句「道始亡名」，楚簡與帛書甲都朽損了。不過在

帛書乙中約略可以看出有「无」的形狀，「无」又通「亡」，由前面幾則「道恆亡名」來看，應該是「道始亡名」，不過「道始无名」也是可以的。

老子：「天象无形，道始亡名」，此二句是對稱表述，是說天的形象也就是宇宙形象，無以形之。而道即宇宙規律，看不見卻存在，無以名之。

呂尚：經過您老親自解釋，想必大家都懂了。

> **天下之道　猶張弓者也**
> 施行天下大道 宛如拉弓般呀
> **高者抑之　下者舉之**
> 過高就壓低一些 過低就舉高一些
> **有餘者損之　不足者補之**
> 太多了就要減損它 不足的就要補充它
> **故天之道　損有餘而益不足**
> 所以天之道 會自動減損過多的 補充不足的
> **人之道則不然　損不足而奉有餘**
> 人之道就不一樣了 反而是減損不足的 供奉給多的
> **孰能有餘　而有以取奉於天者乎**
> 誰能創造有餘來奉獻給天下的不足
> **唯有道者乎**
> 只有遵守天道的人吧

老子：說實在，「道」很難理解，所以我用盡方法來描述，希望
　　　大家能體會。這一則我用「張弓」來比喻。用意在告訴人
　　　們，天下之道是剛強的，要施行大道，有如拉弓，太高了
　　　就要壓低，過低就要舉高，太多了要減損它，不足的要補
　　　充它。

呂尚：「故天之道，損有餘而益不足。」

老子：所以大自然會自動將多餘的毫不留情地減損；有不足的會
　　　給它們發展的空間。

呂尚：「人之道則不然，損不足而奉有餘。」

老子：而人之道則是柔弱的，反而經常減損不足的，奉獻給多的。

呂尚：「孰能有餘而有以取奉於天者乎，唯有道者乎。」

老子：誰能夠創造有餘來奉獻給大家的，就是親近天道並探索道
　　　的人，也就是尊道的人。此處所言，天和人是道之兩股不
　　　同力量，人在消耗不足，而天在補充不足，同時人又在製
　　　造有餘，而天在抑制有餘。

呂尚：確實如此，人間呀，雪中送炭者少，錦上添花者多。

老子：人若一味崇尚並褒揚天之道，是不對的；若不斷詆毀人之
　　　道，也是不對的。人類老想提倡「替天行道」，這也是千
　　　古錯誤之認知。「天行天道，人行人道」，人天各行其道
　　　才是正道，才能達到「天、道、人」三者合一之境界。

呂尚：原來「替天行道」並不正確，還有這個未知的宇宙境界。
　　　必須謹慎呀。

天下有始　以為天下母
天下萬物都來自於宇宙本源 所以是天下萬物之母
既得其母　以知其子
既然得知道是天下萬物之母 就知天下的子孫就是萬物
復守其母　沒身不殆
能夠秉守天下萬物之母的人 終身不會有危險
閉其門 塞其兌
修道的人要關閉六欲之門 要塞住欲望之口
終身不堇
終身不會匱乏
啟其兌 塞其事
修道的人若開啟聲色貨利欲望之口 仗恃自己才能
終身不逨
終身不可救藥

老子：「天下有始，以為天下母」，指天地萬物都來自於宇宙本
　　　源的道，所以道是天地萬物之母。

呂尚：這樣講就很簡單易懂了。

老子：「既得其母，以知其子，復守其母，沒身不殆」，既然得
　　　知「道」是天地萬物之母，就該知其子孫就是萬物，如果
　　　能夠秉守天地萬物之母（道）的人，終身就不會有危險。

呂尚：流傳本改為「既知其母，又知其子，既知其子，復守其母，
　　　沒身不殆」。多了「既知其子」。

老子：「閉其門，塞其兌，終身不堇」，指修道之人必須關閉（眼
　　　耳鼻舌身意）六欲之門，要塞住欲望之口，若是能閉住這

187

些欲望，一輩子不必強調謹守，自然成就大道。終身不會
匱乏。

呂尚：與佛家六識思想一樣。

老子：而「啟其兌，塞其事，終身不逑」，指修道之人若是終身
開啟聲色貨利欲望之門，只知仗恃自己的才能，淪喪於爭
鬥之中，終身不可救藥了。

呂尚：確實確實，可環顧當今，越是高位者越是淪入天天爭搶名
利之局，哀哉哀哉。

> **浴神不死　是謂玄牝**
> 宇宙大道如百川溪流永遠存在 可稱為玄妙的萬物之母
> **玄牝之門　是謂天地之根**
> 玄妙的萬物之母這個門徑 稱之為天地萬物的根源
> **縣縣呵若存　用之不堇**
> 高高呀好像存在那裡 用它都用不完

呂尚：本則楚簡缺，帛書甲乙本都寫為「浴神」，西漢竹簡與流
　　　傳本改為「谷神」。事實上整部流傳本道德經都將「浴」
　　　改為「谷」。大陸簡化字把「穀」與「谷」都簡化為「谷」
　　　字，結果「谷神」用電腦轉換成正體字就變成「穀神」，
　　　笑話呀。

　　　前面說過「浴」在楚簡刻的是「上谷下水」的形狀，是指
　　　山谷中的百川溪流，重點指溪流，不是指山谷。

老子：正是。宇宙大道如百川溪流的神妙永遠存在，可稱之為玄
　　　妙的萬物之母。

呂尚：「玄牝之門，是謂天地之根。」

老子：因為萬物都是經由玄妙的萬物之母這個門徑產生的，所以
　　　稱為天地萬物的根源呀。

呂尚：「縣縣呵若存，用之不
　　　堇」，這一句流傳本改為
　　　「緜緜若存，用之不勤」，

帛書甲	帛書乙	西漢簡

　　　哈哈，後世就拚命在解釋「緜緜」了。此句楚簡缺，但帛

書甲乙本很清楚寫的是「縣ㄟ呵若存」。西漢竹簡寫「縣

虖若存」，可以看出都是「縣」字，不是「縣」字。

老子：你用河洛音唸唸看。

呂尚：用河洛古音台語唸「縣縣」就是 guān guān，連台灣的小孩

子一聽都知道就是高高的意思，所以「縣縣呵」就是「高

高呀」的意思，哈哈，清楚了！「縣縣呵若存」就是在說：

道高高呀，好像存在那裡。

老子：確實必須用河洛音來唸，根本不需解釋就知道其意了。

「堇，少也」，因此「用之不堇」表示用了也不會少，怎

麼用都用不完。

呂尚：我突然感到很感慨，明明在描述「道」像是高高地懸於空

中，眾人盡量用都用不完，如此簡單句子，被篡改為「縣

縣若存，用之不勤」，徒增很多不同的解釋。讓講道德經

的老師講不清，學的人聽不懂，困擾了二千年。遺憾呀！

揎而涅之　不若其已也
過於自信自滿就會得不償失 不如能知進退適可而止呀
揣而群之　不可長保也
錘煉兵器雖擁有堅強武力 也無法長久維持這種局面呀
金玉涅室　莫之能守也
金銀珠寶堆積滿室 也無法永久守住的呀
貴富而驕　自遺其咎也
位高權重富貴若又驕傲自得 將使自己留下禍殃呀
功述身退
若已立了大功業 身體也不行了 就需退休讓位
天之道也
這才是積極的天道呀

老子：我再次依據體會，說明一下「天之道」。

呂尚：這一章流傳本篡改字太多了。有興趣的人可以自己去比對。
　　　不過也算了，不用浪費你們的時間。

老子：有沒有看出，我的原文前面四句都是四字配五字，每一句
　　　都以「也」結尾，有抑揚頓挫感，有其韻呀！

呂尚：確實，您老表述很多「也」字，讀起來抑揚頓挫，有音有韻！

老子：「揎而涅之，不若其已也」，揎，秉持也。已，止、足也。
　　　我是說為人應知進退分寸，過於自信自滿就像水會溢流，
　　　得不償失，不如放下自滿自大，和進退，凡事適可而止。

呂尚：知進退，適叮而止，這都是做人的基本原則呀。

老子：「揣而群之，不可長保也」，揣，鍛冶兵器。群，指眾舉
　　　為君。是說老想錘煉兵器使之銳利，雖擁有堅強武力，聚

眾為君，也是不能長久維持這種局面的。此句也可用於，
自恃聰明才智，還鋒芒顯露，將會受到別人排斥嫉妒，不
可能長保優勢。

呂尚：正是正是。

老子：「金玉湼室，莫之能守也」，室，指內室。珍貴之金玉雖
匿藏於滿滿的內室，縱然如此富有，仍是身外之物，也是
無法永久守住的。

呂尚：錢財是身外之物，離開人世時帶不走的。

老子：「貴富而驕，自遺其咎也」，遺，召也。咎，罪禍也。是
說雖位高權重富貴之人，若不生驕傲之心，他人必定以謙
恭之心禮敬於你。倘若貪戀富貴又驕傲自得，將使人嫉妒
批評，自己留下禍殃。

呂尚：最後一句，大家都習慣說成「功成身退，天之道也」，但
帛書甲本作「功述身芮」，乙本作「功遂身退」，楚簡作
「攻」。莫衷一是，也搞得後世學者誤解了。請您老正之。

老子：我寫的是「功述身退，天之道也」，這是積極的思想與作為，
本意指朝中高官已立了大功，已到達人生輝煌頂點，若是
智慧才能還能為國家再立新功，就不需退休。若已很老矣，
身體也不行了，不能勝任了，此時才需要退休讓位了。

呂尚：所以「天之道」是積極的、向上的，不是消極地退場。

使我絜有知也
讓我能夠清楚認知呀
行於大道　唯迆是畏
行於大道中 也要小心謹慎
大道甚夷　民甚好嶰
大道本來就平坦寬大 可偏偏有人喜歡走沒水的溝壑
朝甚除　田甚蕪
朝綱已經保不住 田地已經荒蕪了
倉甚虛　服文采　帶利劍
倉庫已經快空虛了 還有人穿著華麗衣服 佩帶利劍
厭食而齎財有餘
追求美食美酒只顧自己累積財富
是謂夸盜　非道也
這種人叫做貪官汙吏 不是有道之人呀

老子：「絜」清楚明白。「迆」謹慎。「嶰」指無水之溝壑。有
　　　水之溝壑稱為「澗」。

　　　我本意是說，假使我能夠清楚明白地認知，要行於大道
　　　中，還需要小心謹慎。大道雖然平坦寬大，可偏偏有些人
　　　喜歡走沒水的溝壑。這樣有時不但無益，反而害了自己，
　　　要警惕！

呂尚：確實如此。因為流傳本改為「而人好徑」，所以很多人解
　　　釋說，人們卻喜歡走小路，雖然這樣也可以通。不過您是
　　　寫沒水的溝壑，還是要還原。

　　　再來「朝甚除，田甚蕪，倉甚虛；服文采，帶利劍，厭食

而齎財有餘，是謂夸盜，非道也！」

老子：朝綱已經保不住了，田地已經荒蕪了，倉庫已經快空虛了。還有人穿著華麗衣服，佩帶明亮利劍，一心追求美食美酒，只顧自己累積財富，不去接濟別人。這樣的人叫做貪官汙吏。貪官汙吏，非有道的人！

呂尚：這麼一講，就清清楚楚了。

勇於敢則殺
有勇氣又果敢的人會全力去拚殺
勇於不敢則活
有勇氣但謹慎的人會謀求自保
知此兩者　或利或害　天之所惡
知道這兩者差異 不管是有利或是有害 都是上天厭惡的
孰知其故
有誰知道其緣故呢
天之道　不戰而善勝　不言而善應
宇宙法則 能做到不戰而善於取勝 不言說而善於感應
不召而自來　坦而善謀
不召喚而自然到來 心胸坦然又有謀略
天網恢恢　疏而不失
宇宙大道似天網非常宏大 看起來稀疏 卻沒有缺失

老子：「勇於敢則殺，勇於不敢則活」意指有勇氣且果敢的人會
　　　全力去拚殺；有勇氣但謹慎的人，會謀求自保。

呂尚：「知此兩者，或利或害，天之所惡，孰知其故？」

老子：知道這兩者差異，不管是有利或是有害，都是上天厭惡的，
　　　有誰知道其緣故呢？

呂尚：是什麼緣故？

老子：此即天之道，宇宙法則，「天之道，不戰而善勝，不言而
　　　善應，不召而自來，坦而善謀」。指宇宙法則是能夠做到
　　　不戰而善於取勝，不說而善於感應，不召喚而自然到來，
　　　心胸坦然而且善於有智慧地謀略。

195

呂尚：最後是「天網恢恢，疏而不失。」

老子：我說明宇宙大道就如同一張天網，看上去雖然稀疏看不到，卻非常宏大，沒有缺失。

呂尚：這與一般常用的「天網恢恢，疏而不漏」不同，大家都認為「天網恢恢」是指非常嚴密，所以不會漏失。原來真意是指天網雖然稀稀疏疏，卻絲毫沒有缺失，妙哉。

埶大象　天下往
擁有大權勢的形象 天下自然歸順
往而不害　安平大
自然歸順就不會有害 自然安和太平
樂與餌　過格止
享樂與美食之時 超過範圍就要停止
故道之出　淡呵　其無味也
所以道出現時 平淡呵 無味的自然出現呀
視之不足見　聽之不足聞
要看它卻看不到 要聽它卻聽不到
而不可既也
然而卻是取之不盡 用之不竭呀

呂尚：第一個字在楚簡與西漢簡都寫為
　　　「埶」，左偏旁是底下沒有出頭的
　　　「坴」。但在帛書甲乙與流傳本都

楚簡	西漢簡

　　　改為有出頭的「執」。我查了《說文解字》：「勢從力埶
　　　聲」，也就是說「勢」這個字是從「埶」而來，可見「勢」
　　　就是「埶＋力」，表示權勢。

老子：正是如此，後世已不用此字，改用勢字。「埶大象」是指
　　　能遵循宇宙大道的為政者，具有盛大的權勢形象，天下自
　　　然歸順，天下自然安和太平。

呂尚：原來「埶大象，天下往，往而不害，安平大」的意思如此
　　　簡單，這樣一說就非常明白了，幸運呀，還原文字真相了。
　　　可惜二千年來都繞在抓著大象的錯誤中。

呂尚：再來是「樂與餌，過格止」，流傳本改為「過客止」，我一看到這裡，就立即質疑，怎麼會與過客有關？請您老明示。

老子：「樂與餌」是指在享受音樂與美食之時。「過格止」指超過格子就要停止，你用河洛音台語唸唸「過格」，很清楚了吧，就是超過範圍，意思非常清楚明白了吧。

呂尚：沒錯，用台語唸「過格」，很清楚在說超過格子範圍。「格geh」與「客kheh」的台語是同樣的喉音，也是同韻，只有一點差別，「客」有喉嚨氣發出來，「格」沒有發出來。可見這又是古代口傳文字時產生的誤植，把格誤為客。

老子：所以「樂與餌，過格止」，是在說做任何事都要有一個範圍、一個程度。享受

音樂與美食也是一樣，超過範圍就要停止，我本意只是很簡單地在說明不能逸樂過度而已。與過客何關？

呂尚：哈哈！變成「過客止」，真累壞了二千年來用「過客」來解釋的學者了。「故道之出，淡呵，其无味也。視之不足見。聽之不足聞，而不可既也」，流傳本改寫「道之出口」。

老子：道本無形無象無名，充沛天下，何需出口？我本義很簡單，就是道出現之時，平淡無味，不像音樂與美食那麼吸引人。要看它卻看不到，要聽它卻聽不到，要用它時卻是取之不盡、用之不竭！

呂尚：唉呀！您老這麼一說，如此清楚。宇宙充沛大道，看不見
　　　聽不到，取之卻不盡、用之卻不竭！

道者　萬物之注也
宇宙大道 是萬物集中之所在呀
善人之保也
善良的人會去保護它呀
不善人之不保也
不善良的人是不會去保護它的呀
美言可以市
合於道的美言可以得到大家的尊崇
尊行可以賀
合於道的美行可以使他人仰慕
人之不善也 何棄之有
人的不善也可以被感化呀 哪裡還會拋棄他呢
故立天子置三卿
就算是立了天子設置三卿
雖有共之璧　以先四馬
雖擁有兩手相拱這麼大的璧玉 以及四馬拉的華車
不若坐而進此
還不如好好坐下來體悟大道
古之所以貴此者　何也
古聖人之所以尊貴宇宙大道 為什麼呢
不謂求以得　有罪以免　歟
不是說有求就得 有罪可免 不是的
故為天下貴
所以道才能成為天下最尊貴的

老子：道很難體會，很難理解，所以我在此又用「萬物之注，善人之保，不善人之所不保」這三種特性來說明道，所以後面三句都以「也」結束。

呂尚：帛書甲乙本都可以清楚看出是「注」字，西漢

通行本	西漢簡	帛書乙	帛書甲
奧	㨫	洼	注

簡改為「左木右帚」的字，現在已經不用了。流傳本篡改為「奧」，又把「善人之保也，不善人之不保也」改為「善人之寶，不善人之不保」，完全相反了。

老子：「萬物之注」指宇宙大道是萬物集中之所在呀。「善人之保」指善良人會視為修身養命之至寶而去保護它。「不善人之所不保」指不善良的人是不會去保護的。這裡是在詮釋善人與不善人的差別。

呂尚：這樣就很工整了，也容易懂了。接著「美言可以市，尊行可以賀」，帛書甲與西漢簡都清楚看出是「賀」字，流傳本篡改為「加人」，怎麼會出現「加人」？

老子：我言，合於道的美言可以得到大家的尊崇，合於道的美行可以使他人仰慕。

呂尚：「人之不善也，何棄之有？

老了：遵循道之教化，不善人也可以被感化而走上正道，哪裡還會拋棄他呢？

呂尚：「故立天子置三卿」，我查過「三卿」指古代的司徒、司馬、司空，分別相當於現在的教育部長、國防部長、建設部長。所以這裡在說，若不遵宇宙大道，就算是立了天子，設置三位部長，雖然擁有兩手相拱這麼大的璧玉，以及四馬所拉的華車。還不如好好坐下來體悟大道呢。

老子：正是。所以接著我提出「古之所以貴此者，何也？」是說古聖人之所以特別尊榮宇宙大道，為什麼呢？不是說有求就得、有罪可免。不是的！所以道才能成為天下最尊貴的。

呂尚：我原本想不通流傳本為何篡改為「不曰：以求得，有罪以免耶？」，讓人以為可以求得、有罪可免，那不公正呀。經您老一說，真相大白了。

天下皆謂我大　大而不宵
天下人都說我把道講得很大 大到什麼都不像
夫唯大　故不宵
就是因為很大 所以才不像任何物
若宵　細久矣
如果它像某東西 早就被看成渺小了

呂尚：這一則非常簡單，就這幾個字而已。但是流傳本卻改為「天
　　　下皆謂我道大，似不肖，夫唯大，故似不肖，若肖久矣，
　　　其細也夫」。

老子：我本意是說，天下人都說我把道說得太大了，大到什麼都
　　　不像。也就是因為它本來就很大，充沛宇宙，所以才不像
　　　任何東西，如果像什麼東西，早就被看成渺小了。

> **故大道廢　安有仁義**
> 所以大道廢了　怎麼會有仁義
> **智慧出　安有大偽**
> 智慧增長了　怎麼會有大偽之事
> **六親不和　安有孝慈**
> 六親不和了　怎麼會有孝慈子孫
> **邦家昏亂　安有正臣**
> 邦家昏亂了　怎麼會有忠正之臣

呂尚：這一則流傳本為「大道廢有仁義，智慧出有大偽，六親不
　　　和有孝慈，國家昏亂有忠臣」，害得歷代無數學者大傷腦
　　　筋。您老何以會寫出此種邏輯根本不對的句子。
　　　　幸好在楚簡、帛書出土，加上西漢簡，才發現這些古版本
　　　都有一個「安」或「案」字，才讓學者恍然大悟。

老子：我本來就很簡單在問：大道廢了怎麼會有仁義？智
　　　慧出了怎麼會有大偽？六親不和怎麼會有孝慈？邦
　　　家昏亂怎麼會有貞臣？

呂尚：古代「案」與「安」通用，您老是在反問「安有」，
　　　四個古版本統統有這個字，不知為何流傳本統統將
　　　安字去掉，將反問句變成肯定句。真的是要拆您老
　　　的台。

老子：確實，我用四個「安有」是在反問。

呂尚：難怪我研讀時也覺得怪怪的。所以，大道很重要，
　　　沒了大道，一切都亂了。

論聖人

> **道泛呵　其可左右也**
> 道廣大無垠呵 可在左可在右 無所不在呀
> **成功遂事　而弗名有也**
> 能成就所有事情與功業 卻很少去敘說它呀
> **萬物歸焉　而弗為主也**
> 萬物歸順於道 也不會以主宰自居呀
> **則恆无欲也　可名於小　可名於大**
> 道是永遠不會有任何欲望呀 可說它小 也可說它大
> **是以聖人之能成其大**
> 所以聖人之所以能成就他的偉大功業
> **以其不為大也　故能成大**
> 就是不自以為偉大呀 所以能成就大業

呂尚：「道泛呵，其可左右也」，我能體會，試著解釋一下。宇
　　　宙大道廣大無垠呵！充沛充滿一切物質與能量，所以可在
　　　左也可在右，無所不在呀。

老子：不錯不錯。接著我用有「弗」的二句來說明，「成功遂事
　　　而弗名有也」，道能成就所有事情與功業，卻不占為己有。
　　　「萬物歸焉而弗為主也」，萬物歸順於道，道也不會以主
　　　宰自居。

呂尚：所以道本身永遠不會有任何欲望，「恆无欲也」，「可名
　　　於小，可名於大」，可說它小到不知在哪裡，也可說它大
　　　到無所不在。這一則流傳本篡改太多了，變成看不懂的一

大串句子，「大道氾兮其可左右。萬物恃之而生而不辭，功成不名有，衣養萬物不為主。常無欲，可名於小；萬物歸焉，而不為主，可名為大。以其終不自為大，故能成其大」。真不知如何解釋。

老子：不必理會之。

呂尚：最後「是以聖人之能成其大，以其不為大也，故能成大」。

老子：所以聖人之能成就偉大功業，只是不自以為偉大，所以能成就大業。

呂尚：還是要您老親自解說，才能明白呀！

是以聖人為而弗有
所以聖人能實踐天道而很少占有
成功而弗居也
能成就功業大事而很少居功呀
若此其不欲見賢也
這樣做是他不願誇耀賢德呀

呂尚：您老原文「是以聖人為而弗有，成功而弗居也，若此其不欲見賢也」，流傳本改為「是以聖人為而不恃，功成而不處，其不欲見賢」，前面說過「弗」非「不」，而且把「弗有」改為「不恃」，「弗居」改為「不處」，解釋當然不對了。

老子：我的本意很簡單，聖人努力去實踐天道而很少占有任何事物，成就功業大事而很少居功，這樣做就是他不願誇耀賢德。

呂尚：古代「見」同「現」，「不欲見賢」是「不欲現賢」，不是不想見到賢者。差太多了。

> **不出於戶　以知天下**
> 不用走出門戶 就能知道天下事物
> **不規於牖　以知天道**
> 不必靠在窗戶看外面 就能知曉天道
> **其出也彌遠　其知彌少**
> 外出走得越遠的人 會覺得自己知道的越少
> **是以聖人　弗行而知**
> 所以聖人 只去過少許地方 自然知曉民間一切
> **弗見而明**
> 只看過少許事務 自然清楚明白
> **弗為而成**
> 只有一點點作為 聖業自然完成

老子：這一則我在說聖人的特質，「不出於戶，以知天下」，指
　　　不必走出門戶，就可知道天下一切事物。「不規於牖，以
　　　知天道」，指不必靠在窗戶看外面，也可得知天道。

呂尚：「規」不是流傳本的「窺」，不是偷看，而是依靠。意思
　　　差多了。下一句很容易解釋了，「其出也彌遠，其知彌
　　　少」，我來說說，外出旅行走得越遠，會覺得自己知道的
　　　越少。

老子：很好很好。所以聖人有這些特質：「弗行而知，弗見而明，
　　　弗為而成」。

呂尚：「聖」這個字造得非常
　　　有意義，下面是王，上
　　　面是耳、口，表示這位仁兄的地位高，也必須傾聽眾人意

見，然後才開口。

老子：確是指王者之人，必須善於傾聽和接受他人意見，方為聖人。聖人只要去過少許地方，自然知曉民間一切。只看過少許事務，自然清楚明白。只要有少許作為，聖業自然完成。

呂尚：唉呀，不是流傳本的「不行而知，不見而名，不為而成」，一個字之差，意思差很多呀。

聖人无積
聖人不為自己積累什麼
既以為人　己愈有
既然是為人民服務 自己擁有的就越多
既以予人　己愈多
既然是盡力給予人民 自己就更受愛戴
故天之道　利而不害
所以天之道 是利益萬物而不傷害他們
人之道　為而弗爭
人之道 要有作為但也要有一些競爭

老子：聖人不為自己積累什麼，既然是奉獻給人民，為人民服務，
　　　自己擁有的就會越多。既然是盡力給予人民，自己就更受
　　　人民愛戴。

呂尚：聖人無私的付出，獲得全民更多的愛戴。

老子：所以天之道，利益萬物而不傷害他們。人之道，要有作為
　　　但也要有一些競爭。我言「弗爭」，是指有約束、有條件、
　　　有規則地競爭。是在鼓勵人必須積極做事，不是消極的不
　　　爭。

呂尚：帛書乙與西漢簡都是「弗爭」，只有流傳本篡改為「不爭」，
　　　完全失去您老積極有守的本意，也使後人以為您老是「不
　　　爭」的始祖。難怪朱熹會罵：「老子心最毒，其所以不與
　　　人爭者，乃所以深爭之也，其設心措意都是如此。」罵您
　　　是偽君子。真是冤枉呀。

聖人恆无心
聖人永遠不會以私心來處事治國
以百姓之心為心
而是以百姓想要的來處理政務
善者善之　不善者亦善之　得善也
良善的人我以良善待之 不良善的人我也以良善待之
就是善呀
信者信之　不信者亦信之　得信也
誠信的人我以信實待之 不誠信的人我也以誠信待之
就是信呀
聖人之在天下　欱欱焉　為天下渾心
聖人處理天下事務 赤誠熱心 為天下百姓全力以赴
百姓皆屬耳目焉
百姓都專注地聽聞聖人所言
聖人皆咳之
聖人全以赤子之心對待百姓

老子：「聖人恆无心，以百姓之心為心」，是指聖人不會以私心
　　　己見來處事治國，而是以百姓想要的一切處理政務。

呂尚：這讓我想到總統，是多數百姓投票給他才當上總統的，所
　　　以必須以百姓民意為施政依歸，這才是民主的真諦。
　　　我改為「總統恆無心，以百姓之心為心」，才是真正的好
　　　總統，不可有己私、黨私。難怪世界各國很多總統都喜歡
　　　讀道德經，真是千年經典呀！不過，他們都錯讀後世篡改
　　　的版本。

老子：「善者善之，不善者亦善之，得善也。信者信之，不信者

211

亦信之，得信也」，是在說聖人必須以「善、信」來對待
百姓。不管是良善之人，或不良善之人，我都以良善待之，
這才是善！不管是信實之人，或不信實之人，我也都以信
實待之，才是信！

呂尚：這似乎很難哩，也表示聖
人沒有分別心。再來，「聖
人之在天下，歙歙焉，為

帛書甲	帛書乙	西漢簡
翕	歙	医

天下渾心」。帛書甲用「歙」，帛書乙用「歙」，西漢簡
的不知何字。

老子：「歙、歙」通用，音吸，表赤誠熱心。「渾心」指全力以赴。
此處指聖人處理天下事務，赤誠熱心，為天下百姓全力以
赴。

呂尚：「百姓皆屬耳目焉，聖人皆咳之」，流傳本把「咳」改為
「孩」，怎麼會與孩子有關？

老子：咳音 hi，指剛會笑的嬰兒，此處表赤子之心。亦即，百姓
都專注地聽聞聖人所言，聖人以赤子之心對待百姓。

呂尚：原來如此，不是指聖人把百姓當做小孩看待，而是以赤子
之心對待百姓。這樣就明白了。

> **為亡為**
> 做事不是為某些目的才去做
> **事亡事**
> 行事不是為某些功業才去做
> **味亡味**
> 品味也不是為滿足慾望才去品味
> **大　小之**
> 太大的要修小些
> **多易必多難**
> 看得很容易的 必定遭遇很多困難
> **是以聖人猷難之　故終亡難**
> 聖人始終把每件事都看成困難 最後反而無難事了

呂尚：第一個「為」要讀2聲，表去做。第二個「為」要讀4聲，
　　　指不為任何目的。

老子：「為无為，事无事，味无味」，指做事不是為某些目的才
　　　去做，行事不是為了功業才去做，品味也不是為了滿足慾
　　　望才去品味。一切都秉持自然大道。

呂尚：接著是「大，小之」，流傳本改為「大小多少」，害得後
　　　世有解釋為「大生於小，多起於少」，或解釋為「大事看
　　　小，多事看少」，也有說成「去其大，取其小，去其多，
　　　取其少」，隨便各家解釋。

老子：「大，小之」，後面的「小之」是動詞，表示太大的要修
　　　小些。面對怨懟，要用宇宙大道之德來包容。

呂尚：接下來就麻煩了，在「大，小之」與「多易必多難」中間，

流傳本多了 49 個字：「報怨以德，圖難於其易，為大於其細，天下難事必作於易；天下大事必作於細。是以聖人終不無大，故能成其大。夫輕諾必寡信」，在楚簡中沒有這些字，如右圖，而且是一個竹簡一貫下來，中間沒有斷掉，直到「多易必」才換下個竹簡。

老子：刪掉即可，勿煩惱。

呂尚：知道了。接著「多易必多難，是以聖人猶難之，故終亡難」。

老子：把事情看得很容易，必定遭遇很多困難。所以聖人始終把每件事都認為是困難的，時時戒慎，反而無難事了。

呂尚：這是在告訴我們，不論大小事，都要用心去面對面，不可掉以輕心。確實確實呀！

為之者敗之
用強烈個人目的去作為 往往會失敗
執之者失之
用強烈執著心去作為 往往會失去
是以聖人亡為　故亡敗也
因此聖人不會以任何目的去做 所以不會失敗呀
亡執　故亡失也
沒有任何執取所以不會失去呀
臨事之紀　慎終如始
在面臨將要完成之時 要如同開始時那樣的謹慎
此亡敗事矣
就不會失敗了

呂尚：「為」仍然要讀 4 聲。所以「為之者」表示有一個強烈目
　　　的去做的人。我注意到，這一則都是用「亡」字。

老子：「亡」表完全沒有。太有強烈目的想要有作為的人，往往
　　　會失敗；越是執著不放的人，反而會失去。所以聖人完全
　　　沒有為任何目的，所以完全不會失敗。

呂尚：「亡執故亡失」，我也會解釋了，完全沒有任何執著，就
　　　完全不會失敗。接著「臨事之紀，慎終如始，此亡敗事
　　　矣。」

老子：對待將要完成之事，要如同開始時那樣的謹慎，就不會失
　　　敗了。

> **是以聖人欲不欲　不貴難得之貨**
> 所以聖人不貪求他所想要的 也不愛難得的金銀財寶
> **學不學　復眾所過**
> 教導百姓未學習的事重視吸取眾人的過往經驗
> **是以聖人**
> 所以聖人
> **能輔萬物之自然　而弗能為**
> 能輔佐萬物的自然發展 但也只是有限度地去輔佐

呂尚：帛書乙本與西漢簡都可以看出是寫「欲」字，但楚簡寫「谷」。《說文解字》：「欲，貪欲也。欲者衍字。欲從欠者、取慕液之意。從谷者、取虛受之意。谷、古文欲字」，由此可見「谷」是「欲」的古文，因為楚簡版本是目前所見最為古老的版本，就用「谷」字了。

老子：聖人也是人，本來就會有欲望，但是聖人不貪求，所以我寫「欲不欲」，指聖人不會有愛欲金銀財寶的欲望，不貪求他所想要的。教導百姓所未學習之事，重視吸取眾人之經驗，所以聖人會謹慎輔佐萬物自然發展，沒有做不到的。

呂尚：「欲不欲」似乎就是平常台灣人經常講的「要不要」，發音是 bueh m bueh。聖人也是人，也會有「要」的心，但是他知道「不可要」，不貪求他所想要的，也不愛難得的金銀財寶。哈哈，用台語來詮釋更好用。

老子：「學不學，復眾所過」，聖人教導百姓所未學習的事，重視吸取眾人的過往經驗。所以聖人能輔佐萬物的自然發

展，但仍然還是拘謹地去做。

呂尚：此處「弗能為」被流傳本改為「不敢為」，楚簡明顯可以
看出是「能」字。所以聖人「能」輔萬物之自然而弗「能」
為，可以看出前後都是用「能」字，是指聖人會謹慎地輔
佐萬物自然發展，不是「不敢為」。

楚簡	帛書甲	帛書乙	西漢簡

曲則金　枉則直
彎曲的就用斧頭修正 歪斜的就把它拉直
洼則盈　敝則新
低窪的就把它填滿 陳舊的就得換新
少則得　多則惑
少私寡欲的就能得 貪多的就會被誘惑
是以聖人執一　以為天下牧
所以聖人保持始終如一 引導天下人走向美好的未來
不自視故明
不自以為是才能明白
不自見故章
不固執己見才能彰顯
不自伐故有功
不自作主張才有功勞
弗矜故能長
約束自己不誇耀才能有長進
夫唯不爭　故莫能與之爭
唯有不魯莽行事的人 就沒有誰能與他來亂爭了
古之所謂曲全者　幾虛語哉
古人所謂的委曲求全 幾乎都是虛偽言語
誠金歸之
只有用剛強方法才能矯正之

呂尚：哈哈，由於前三個字流傳本改為「曲則全」，後人就解釋
　　　為「委曲求全」，要大家委曲求全，我就一直感覺不對。
　　　果然帛書甲乙本都寫「曲則金」，根本不是全，我就知道
　　　一定統統錯了，完全偏離您老的思想了。

老子：我寫「曲則金」，「金」是動詞，指金屬刀具斧頭。前六

句是說：彎曲的就用斧頭修正、歪斜的就把它拉直，低窪的就把它填滿，陳舊

| 帛書甲 | 帛書乙 | 西漢簡 |

的就換新，少私寡欲的就能得，貪多的就會被誘惑。

呂尚：這樣解說就清清楚楚，也不用多加解釋都能懂，所以根本不是「曲則全」。而且以後面五句的第三字來看，都是動詞，有矯正前面第一字的意思。可見用「全」字不對，不是動詞。

老子：我是提倡積極面對各種問題之方法，不是消極的委曲求全。

呂尚：現在還原您老的積極思想了，期望所有人今後莫再錯讀下去了。下一句「是以聖人執一，以為天下牧」。

老子：所以聖人知道上述六種做事方法，能保持始終如一的態度，引導天下人走向美好的未來。

呂尚：「不自視故明，不自見故章，不自伐故有功，弗矜故能長。」

老子：不自以為是才能明白事物的發展。不固執己見才能全面瞭解事物的實際面。不自作主張才能顯出功勞，能約束自己不誇耀才能有長進。

呂尚：「夫唯不爭，故莫能與之爭」，在這裡您老很難得用「不爭」。

老子：不是一般認為的不去爭。是指只有不會魯莽行事的人，就沒有誰能與他來亂爭了。這也是積極思想。

呂尚：「古之所謂曲全者，幾虛語哉，誠金歸之。」

老子：我這裡就在批判古人所說的委曲求全，幾乎都是虛偽言語，
　　　只有用剛強方法去矯正，才能改正過來。

呂尚：流傳本「古之所謂曲則全者，豈虛言哉！誠全而歸
　　　之」就顯得不通了，既然說曲全是虛語，如何再用
　　　「全」來歸之？可見二千多年來，叫大家委屈求全，
　　　根本不是您老的本意。您老提倡的是積極的「曲則
　　　金」，彎曲的就用斧頭砍它，面對各種問題，要積
　　　極作為去解決。

　　　各位看官呀，從今天起，不要再用委屈求全來解釋了。

江海所以為百浴王
江海之所以能成為百川溪流之王
以其能為百浴下
就是它處在比百川溪流低下的位置
是以能為百浴王
所以能成為百川溪流之王

老子：江海所以能成為百川溪流之王，就是它處在比百川溪流低
　　　下的位置，所以能成為百川溪流之王。

呂尚：這一則楚簡與帛書甲乙本都寫「浴」，但西漢竹簡改為
　　　「谷」，以致日後統統用「山谷」來解釋了，用山谷對比
　　　江海，邏輯不對，用溪流才對。

聖人之在民前也
聖人屹立在人民之前呀
以身後之 民弗害也
必須讓自己謙虛如在身後 人民就不會加害於他呀
其在民上也
要高居萬民之上呀
以言下之，民弗厚也
必須先謙虛自己的言語 人民不會感到威重的壓力
天下樂進　而弗詁
天下人都樂於歸服他 而不會多所批評議論
以其不諍也
聖人謹守大道沒有什麼好批評呀
故天下莫能與之諍
因此天下就沒有人能與他相互批評了

呂尚：下一句：聖人之在民前也，以身後之，民弗害也。

老子：指聖人屹立在人民之前，必須讓自己宛如在身後，先尊重
　　　所有人，人民就不會加害於他。

呂尚：「其在民上也，以言下之，民弗厚也。」

老子：要高居萬民之上，必須先謙虛自己的言語，人民不會感到
　　　威重的壓力。

呂尚：「天下樂進而弗詁，以其不諍也，故天下莫能與之諍」，
　　　「諍」字在楚簡中有二個字型，第二個字型清楚看出是
　　　「左言右爭」。帛書甲字型裂開，但也可以看出左偏旁是
　　　「言」。帛書乙本以後的版本就被改為「爭」了。

老子：「訿」指多言、議論紛紛。「弗訿」是有限度的議論。
　　　「諍」是直言糾正、規勸的意思。
　　　我是說天下人都樂於歸服他，而不會多言議論。 也
　　　是因為聖人具有無私風範且能謹守大道，沒有什麼
　　　好糾正批評的，所以天下就沒有人能向他糾正批評
　　　了。

呂尚：看右邊楚簡文字即知是「天下樂進而弗訿，以其不
　　　諍也」。流傳本篡改為「天下樂推而不厭，以其不
　　　爭」。唉呀，要怎麼解釋呢？

不上賢　使民不爭
不崇拜賢德名號 使人民不爭取虛名
不貴難得之貨　使民不為盜
不標榜難得的貨物 使人民不會去偷盜
不見可欲　使民不亂
不展現會引起貪欲的物品 使人民的心不紛亂
是以聖人之治也
所以聖人之治理天下呀
虛其心　實其腹
要使百姓虛心 要讓他們吃飽
弱其志　強其骨
要削去他們的狂妄 要強健他們的體魄
恆使民无知无欲也
永遠讓百姓了解一切 不會產生多餘的欲望呀
使夫知不敢
使一些自作聰明的人不敢亂來
弗為而已　則无不治矣
只要約束人民一些行為 天下就沒有不好治理的了

老子：上者尚矣，兩字通用，指崇尚、崇拜。「不上賢」指不崇
　　　拜賢德名號，「使民不爭」使人民不爭取此種虛名。

呂尚：哈哈，下一句「不貴難得之貨，使民不為盜」，我會解釋了：
　　　不標榜難得的貨物，使人民不去偷盜。

老子：很好很好。

呂尚：所以「不見可欲，使民不亂」，見同現，不展現會引起貪
　　　欲的物品，使人民的心不紛亂。

老子：所以我接著說，「聖人之治也，虛其心，實其腹，弱其志，
　　　強其骨」。

呂尚：這一句也不難，是在說，所以聖人之治理天下呀，要使百
　　　姓虛心，要讓他們吃飽，要弱他們狂妄，要健他們的體魄。
　　　但是後世學者都認為您老的「弱其志」是要削弱人民的志
　　　向。

老子：非也，此處「志」指好大喜功、不切實際、狂妄的心。不
　　　是指一般認知的「志向」。

呂尚：「恆使民无知无欲也。使夫知不敢，弗為而已，則无不治
　　　矣」。此處「无知无欲」流傳本改為「無知無欲」。

老子：「无知无欲」是指要讓百姓能了解一切，不會產生多餘的
　　　欲望，不是要讓他們無知。也要使自作聰明的人不敢亂來。
　　　只要能夠約束人民一些行為，天下就沒有不好治理的了。

呂尚：難怪後世學者看到「使民無知無欲」，就認為您老提倡愚
　　　民政策。難怪朱熹要批評您老「所謂無為，便是全不事
　　　事」，說您的思想是愚民和消極，實在冤枉。

天長地久
天地是長久存在的
天地之所以能長且久者
天地之所以能夠長久的存在
以其不自生也　故能長久
是它不為自己的生存 卻生長萬物 所以能夠長久
是以聖人
所以聖人明白這個天長地久的道理
芮其身而身先
遇事謙遜反而能在眾人之中領先
外其身而身存
置己身度外反而能保全自身生存
不以其无私與
不正是因為他不為己私嗎
故能成其私
所以能成就他自己

老子：天地是長久存在的。天地之所以能夠長久存在的原因，是
　　　因為祂不為自己的生存，卻生長萬物，不為自己而為別人，
　　　所以能夠長久。

呂尚：這一則比較淺顯易懂。

老子：聖人芮其身，「芮」指謙遜。因為聖人明白這個天長地久
　　　的道理，遇事謙遜，反而能在眾人之中領先；將自己置於
　　　度外，反而能保全自身生存。

呂尚：「不以其无私歟，故能成其私。」

老子：不正是因為他不為私利，所以能成就他自己。

知其雄　守其雌
知道他是雄才大略的人 卻守著女性般的謙虛
為天下溪
如同天下溪流自然匯流
恆德不離　復歸嬰兒
永遠不離開德性 如回歸嬰兒般的純真
知其白　守其辱
知道他是清白榮耀的人 卻守著卑下的地位
為天下浴
如同天下的百川溪流
恆德乃足　復歸於樸
永遠守著德而知足 如回歸樸實而謙虛的人品
樸散則為器
木頭切割開來做成各種器具
聖人用則為官長
聖人能體會運用才能成為百官之長
夫大制无割
因為完善制度是不能支離分割的

呂尚：「知其雄，守其雌，為天下溪，恆德不離，復歸嬰兒」與「知
　　　其白，守其辱，為天下浴，恆德乃足，復歸於樸」這二句
　　　話是對仗的。

老子：前面一段是說，知道他是雄才大略的人，卻守著女性般的
　　　謙虛，如同天下溪流自然匯流，永遠不離其德性，如回歸
　　　嬰兒般的純真。後面一段是說，知道他是清白榮耀的人，
　　　卻守著卑下的地位，如同天下的百川溪流，永遠守著德而

知足，如回歸樸實而謙虛的人品。

呂尚：這一講，簡潔明瞭，意義深遠。下一句「樸散則為器，聖
　　　人用則為官長，夫大制无割。」

老子：前面有說過，「道恆亡名，樸」。樸指未彫刻的木頭，沒
　　　有名稱的道就像未刻的木頭，因此此句是說，木頭切割開
　　　來做成各種器具，聖人能體會運用這個道理，才能成為百
　　　官之長。因為完善之制度，是不能支離分割的。

知不知　尚矣
知道自己有所不知 是最好的
不知不知　病矣
不知道自己有所不知 是不好的
是以聖人之不病　以其病病也
聖人 有這些毛病 因為他痛恨這些毛病呀
是以不病
所以聖人不會有此毛病

呂尚：本則流傳本改為「知不知上，不知知病。夫唯病病，是以
　　　不病。聖人不病，以其病病。夫唯病病，是以不病」，害
　　　得大家都不知要如何解釋了。

老子：我遣詞用字很簡單，意思也很簡單呀。如右圖，
　　　帛書甲乙本都容易看出第一句就是「知不知尚
　　　矣」，是在說，知道自己有所不知，是最好的。

呂尚：這就是指有自知之明，以及沒有自知之明呀。

老子：聖人沒有這些毛病，是因為他痛恨這些毛病，
　　　所以不會有此毛病。

呂尚：您老這樣講就容易明白了。說實在，流傳本的句子「知不
　　　知上，不知知病。夫唯病病，是以不病。聖人不病，以其
　　　病病。夫唯病病，是以不病」，實在不知所云。我也有看
　　　到有人將「病病」解釋為病痛，說「聖人之所以不患此病
　　　痛，就是因為他能對治這病痛，因而能不患此病痛！」嗚
　　　呼哀哉，還治病哩，差之千里了。

民之不畏畏　則大畏將至矣
百姓不害怕該害怕的事 那麼更大的災禍就會降臨了
毋狎其所居
不要把去路狹窄了而讓自己無處去
毋厭其所生
不要像厭惡人類一樣毀滅眾生生命
夫唯弗厭　是以不厭
唯有人不要去遭到天道的厭惡 天道才不會去厭惡人
是以聖人　自知而不自見也
因此聖人 有自知之明而不固執己見呀
自愛而不自貴也
知道自愛而不自認高貴呀
故去彼取此
故聖人能知取捨

呂尚：第一句楚簡與帛書甲都缺字，但在帛書乙可以看出是「畏
　　　ㄟ」，也就是重復「畏畏」，不是西漢簡與流傳本的「畏
　　　威」。

老子：「畏畏」指害怕該害怕之事。

呂尚：流傳本篡改為「畏威」，後世學者就解釋為人民不畏懼統
　　　治者的威勢，那麼人民所發出的更大威力勢將來臨。不對
　　　了吧。也有人解釋為如果人不畏懼於天道的威力，那麼天
　　　道就會把更大的威懾降臨人間，還算好一點。

老子：我的本意很簡單，如果百姓不害怕該害怕之事，則更大的
　　　災禍很快就會降臨。

230

呂尚：「*毋狎其所居，毋厭其所生。夫唯弗厭，是以不厭*」，帛書甲乙本與西漢竹簡都寫「*毋*」字，通行本改為「無」。「*毋*」國語讀「勿」音，事實上河洛音台語是閉著嘴巴有鼻音，粵語唸 mou，潮州話唸 bho，表示「*沒有、不要*」。

老子：我本意是，絕對不要把去路狹窄了而讓自己無處去，絕對不要像厭惡人類一樣毀滅眾生生命。唯有人不要去遭到天道的厭惡，天道才不會去厭惡人類。

呂尚：「*是以聖人，自知而不自見也，自愛而不自貴也。故去彼取此。*」

老子：所以聖人有自知之明而不固執己見；知道自愛而不自認高貴。故聖人能知取捨。

呂尚：音調不同，標點不同，就有很大的差異與解讀，不可不慎呀！

天下莫柔弱於水　而攻堅
天下最柔弱的東西沒有能超過水 它卻能攻克堅固之物
強者莫之能先也
堅固之物卻沒有什麼能勝過它呀
以其无以易之也
因為它是無法取代的呀
柔之勝剛也　弱之勝強也
柔之能勝剛呀 弱之能勝強呀
天下莫弗知也　而莫能行也
天下人沒有不了解的呀 只是沒有人能好好去實行呀
故聖人之言云曰
因此聖人的話是這樣說
受邦之詬　是謂社稷之主
能為國家蒙受侮辱的人 才稱得上是國家的君主
受邦之不祥　是謂天下之王
能為國家承受災難的人 才稱得上是天下的君王
正言若反
以上所言反過來講亦同

呂尚：這一則流傳本篡改為「天下莫弱於水，而攻堅強莫之能勝。
　　　其無以易之」，由於標點斷句也不對，所以很難解釋得通。

老子：我是說，天下最柔弱的東西沒有能超過水，它卻能攻克堅
　　　固之物。堅強之物卻沒有什麼能勝過它，因為它是無法取
　　　代的！

呂尚：您老這麼一講就非常清楚明白，但是斷句不同，篡改字又
　　　不同，就 很難解釋了。接著「柔之勝剛也，弱之勝強也，

天下莫弗知也，而莫能行也。」

老子：這四句都有也字。我是說，柔之能勝過剛呀，弱之能勝過
強呀，天下人沒有不了解的呀，只是沒有人能好好去實行
呀。

呂尚：「故聖人之言云：受邦之詬，是謂社稷之主；受邦之不祥，
是謂天下王。正言若反。」

老子：因此聖人的話是這樣說：能為國家而蒙受侮辱之人，才稱
得上是邦國之君主；能為國家而承受災難重擔的人，才稱
得上是天下之君王。以上所言反過來講也一樣。

呂尚：精彩精彩，清清楚楚。您老道出要做君王的人的條件。由
此我想到現代的總統、縣市長、立委、議員都是民選制度，
表面上一人一票好像很公平，卻是最愚蠢的，因為人人智
慧與見識不同，因此一人一票就不公平了，而且要當最高
領導人，在古代稱為「天子」，必須是上天賦予使命的人，
德才配位呀！

> **和大怨　必有餘怨**
> 縱使和解雙方的大怨 還是會有一些餘怨
> **焉可以為善**
> 這樣怎能說是完善的結局呢
> **是以聖人右介　而不以責於人**
> 所以聖人要以同理心去調解問題 而不是指責人
> **故有德司介**
> 因此接受調解的就用公平方式解決
> **无德司徹**
> 不接受調解的就用強制措施來解決
> **夫天道无親　恆與善人**
> 因為天道無所偏私不分親疏 永遠只給有德的善人

老子：「和大怨，必有餘怨，焉可以為善？」縱使和解了雙方的大怨，還是會有未能消除的餘怨，怎能說是完善的結局呢？

呂尚：沒有錯，很多人內心還是會不爽，這也證明您老不是消極接受的人，而是積極的人。第二句您老說「右介」，流傳本寫「執左契」，不僅左右不同，介與契也不同。介是調節，契在《說文解字》「大約也。約取纏束之義」，不是調節，反而是束縛，可見「契」不對。

老子：「右介」是指以同理心介入，是指聖人必須用同理心從調解人的角度處理問題，而不是指責人。

呂尚：「故有德司介，无德司徹。」

老子：「有德」指接受調解的一方，「无德」指不接受調解的一方。

就是你們現在法律所用的兩造雙方。所以，接受調解的一方就用公平公正方式解決。而不接受調解的一方，就採取強制措施，以徹底解決。

呂尚：這種處理調解事務的做法，才是積極的，不是鄉愿的。最後一句「夫天道无親，恆與善人。」

老子：因為天道無所偏私，不分親疏貴賤，永遠只給有德的善人。

呂尚：這樣才符合大道，符合人心。

五色使人之目盲
五色會使人眼睛迷盲
馳騁田獵使人之心狂
馳騁田野打獵會使人心神發狂
難得之貨使人之行仿
難得的珍貴財貨會使人相互模仿
五味使人之口爽
五味會使人口味爽
五音使人之耳聾
五音會使人耳趨聾
是以聖人之治也
所以聖人知道治理國事的原則呀
為腹不為目
要給人民肚子溫飽 不要人民貪圖耳目享受
故去彼取此
所以要去除享受求取溫飽

呂尚：我曾經比較各版本，發現「盲」在帛書甲本作「明」，乙
　　　本作「盲」。但以台語發音來看，後面各句的最後一字「聾
　　　long、爽 song、狂 kong、妨 hong」，都是以 ong 為尾音，
　　　所以應是「盲 bong」。對否？

老子：正確正確。「五色使人之目盲」，經常看紅黃藍白黑繽紛
　　　的五色，會使人的眼睛迷盲。

　　　「馳騁田獵使人之心發狂」，經常享受馳馬田野打獵的快
　　　意，會使人的心神發狂。

　　　「難得之貨使人之行仿」，經常想擁有難得的珍貴寶物財

貨，會使人相互模仿。

「五味使人之口爽」，經常吃酸甜苦辣鹹五味，會使人的口味爽。

「五音使人之耳聾」，經常聽宮商角徵羽動聽的五音，會使人的耳朵趨於聾。

呂尚：盲、狂、仿、爽、聾，用國語發音沒有同韻。改用台語發音 mon、kon、fon、son、lon，全是同音韻，想必您老當時是這樣發音的。

老子：哈哈，正是。

呂尚：「是以聖人之治也，為腹不為目，故去彼取此。」

老子：前面說過「聖人之治也，虛其心，實其腹，弱其志，強其骨」，其中的「虛其心，實其腹」正好與「為腹不為目」對應，也就是說，聖人知道物慾之害，因此治理國事，首要填飽人民的肚子，不要人民貪圖耳目的享受。

呂尚：這「腹」與「目」，國語發音一個是 fu，一個是 mu，雖都有 u 音，卻無法感受音韻之美。用台語唸「腹 pák」、「目 bak」卻是完全相同的口型與音韻。妙哉妙哉！

老子：呂子呀，何妙之有？我當時就是用古老的河洛音寫的，你現在用台語唸，當然符合我當時的意境。

呂尚：哈哈，確是確是！

是以聖人　恆善逑人　而无棄人
所以聖人 永遠善於集合人 而不會拋棄人

物无棄財　是謂神明
會物盡其用而不會浪費 稱之為能掌握天道規律

故善人者　不善人之師
所以修養高的人 是修養不足的人的表率

不善人者　善人之齎也
修養不足的人 是修養高的人的借鏡

不貴其師　不愛其齎
不懂得尊重老師 不愛惜借鏡之物

唯知乎大眯　是謂眇要
唯有洞悉大迷惑之理 才能稱為精微玄妙的道

呂尚：流傳本把「逑」改為「救」，句子變成「是以聖人常善救人，故無棄人；常善救物，故無棄物。是謂襲明」。又多了「常善救物」四字。從帛書甲本就很清楚是「逑人」。《說文解字》：「逑，斂聚也」，所以「逑人」就是「聚人」。順便想到有一句「財散人聚，財聚人散」，能成為聖人的人，是善於聚人的。

帛書甲	帛書乙	西漢簡

老子：「明」掌握規律也。「神明」指掌握天道規律。所以說聖人善於集合人，而不會拋棄人，會物盡其用而不會有浪費，稱之為能掌握天道規律。

呂尚：流傳本把「神明」篡改為「襲明」，後世之人解釋為「承襲了知常之明」，錯的離譜。「神明」與「襲明」差異真大，

解釋也全然不同。下一句「故善人者，不善人之師；不善人者，善人之齎也。不貴其師，不愛其齎。唯知乎大眯，是謂眇要」。

老子：此處之「善人」指修養高的人，「不善人」指修養不足的人。所以說，修養高的人是修養不足的人的表率，修養不足的人是修養高的人的借鏡。不懂得尊重老師，不愛惜借鏡之物，雖然是有才智的人，還是會有很大的迷惑，這就是精微玄妙的道理。

呂尚：《說文解字》「眯，艸入目中也」。《國語辭典》「眯，東西進入眼中，使眼睛一時睜不開」。

老子：「大眯」指很大的迷惑。「唯知乎大眯，是謂眇要」，唯有洞悉大迷惑之理，才能稱為精微玄妙的道。

呂尚：這一則似乎比較深奧，現在終於懂了。流傳本改為「雖智大迷，是謂要妙」，把全本的「眇要」改為「要妙」，就變成不懂了。

> **是以聖人　居亡為之事**
> 所以聖人 居於不為私心目的處理事情
> **行不言之教**
> 用不言的身教來教導人民
> **萬物作而弗始也**
> 萬物欣欣向榮 少去約束它們是如何開始的
> **為而弗志也**
> 讓它們自由發展，少去約束它們是如何發展呀
> **成而弗居**
> 讓它們各自功成 少去約束它們的處境
> **夫唯弗居也　是以弗去也**
> 只有讓萬物自行發展 也就沒有所謂要去除的呀

呂尚：「是以聖人居亡為之事，行不言之教。」

老子：「為」要讀4聲。我是指聖人對宇宙大道了然於心，能不
　　　為任何私人目的來處理事情，能用不言的身教方式來教育
　　　人民。

呂尚：接著就篡改很多了，流傳本寫「萬物作焉而不辭，生而不
　　　有，為而不恃，功成而不居。」

老子：我寫「萬物作而弗始也，為而弗志也，成而弗居」，是說
　　　宇宙大道使萬物欣欣向榮，少去約束它們是如何開始的；
　　　讓它們自由發展，少去約束如何發展；讓它們各自功成，
　　　少去約束它們的處境。

呂尚：簡潔明白，顯示「弗」與「不」的差異。這是積極的思想，
　　　不是消極的。下一句，「夫唯弗居也，是以弗去也。」

老子：正因為不約束萬物的處境，所以也沒有所謂要不要去除約
　　　束。

呂尚：原來如此，原來如此。有學者解釋為「就因不居功，所以
　　　永遠不離」，不知什麼意思。那麼這一則是指，不用規定
　　　太多，用在公司是指規章不用訂得很細，否則員工無法發
　　　揮吧？

老子：正是。只要遵守宇宙大道，訂大原則即可。

物　或行或隨　或呴或吹　或強或挫　或坏或墮
萬物 有先行的有追隨的 有熱情的有失意的 有強盛的有挫折的
有興盛的有墜落的
是以聖人
因為聖人知這些道理
去甚　去大　去楮
就會去除過分的 自大的 奢華的

老子：在此我用「行隨，呴吹，強挫，坏墮」這八個對比字來形
　　　容「物」。是在說萬物，有先行的，有追隨的；有熱情的，
　　　有失意的；有強盛的，有挫折的，有興盛的，有墜落的。
　　　因為聖人知這些道理，就會去除過分的、自大的、極端的
　　　行為。

呂尚：這一則這樣就說完了，原來這麼容易理解。

> **我言甚易知也　甚易行也**
> 我的話很容易明白 很容易實行呀
> **而人莫之能知也　而莫之能行也**
> 但天下人竟然沒人能明白呀 沒人能實行呀
> **言有君　事有宗**
> 我的話都有中心思想 行事都是有根據的
> **夫唯无知也　是以不我知**
> 正因一般人無法理解呀 所以不知我的本意
> **知我者希　則我貴矣**
> 能了解我所說的人太少了 所以顯示我說的太珍貴
> **是以聖人被褐而褱玉**
> 就如同聖人身穿粗布衣服 內裡卻懷著珍貴的寶玉

老子：我的話很容易明白，很容易實行。但天下人竟然沒人能明
　　　白，沒人能實行。

呂尚：確實，您老原本寫的五千言，很容易明瞭，真的不深奧呀，
　　　卻被後世篡改一千多字，搞得大家看不懂，胡亂解釋，變
　　　成深奧哲學，嗚呼哀哉呀！

老子：「言有君，事有宗」，不是流傳本「言有宗，事有君」。
　　　君指自己的中心思想，宗指有根據。我說的話是有中心思
　　　想的，行事是有根據的。正因一般人無法理解，所以不知
　　　我的本意。

呂尚：「知我者希，則我貴矣．是以聖人被褐而懷玉。」

老子：能了解我所說的人太少了，所以顯示我說的太珍貴了！就
　　　如同聖人身穿粗布衣服，內裡卻懷著珍貴的寶玉。

論治國

以正之邦　以敧用兵
用正道來治理國家 用奇巧戰略來用兵
以亡事取天下
讓百姓平安無事才能取得天下歸心
我何以知其然也
我何以知必須如此呢
夫天下多忌諱　而民彌叛
治理國家若發布太多法令 人民就越有反叛之心
民多利器　而邦茲昏
如果讓人民擁有太多武器 國家就容易陷入混亂
人多知　而奇物茲起
如果人民心機多了 奇怪邪惡之事就容易發生
法物茲章　盜賊多有
法律制度太過繁瑣複雜 盜賊就會越多

老子：此後我談治理邦國的理念。首先重要的是「以正治邦，以
　　　敧用兵，以亡事取天下。」
呂尚：您老雖是 2500 年前寫下的，迄今來看，仍然是可以依循
　　　的治國寶典呀。
老子：一要用正道來治國，這是所有為政者應該遵守的。二要用
　　　奇巧來用兵，保衛國家免於外敵侵略。三要讓百姓不受生
　　　活上的任何干擾，沒有任何煩惱的事務，讓百姓平安無事
　　　過日子，就能取得天下的歸心。

呂尚：是的是的，光這三句，能夠做到已經足矣，治理國事有什麼困難呢？

此處很有趣，楚簡很清楚是「敆」字，帛書甲乙卻改為「畸」，似乎畸形了。到了西漢竹簡變成「倚」，要倚靠什麼用兵？後世越改越離譜。流傳本改為「奇」似乎也可以。

西漢簡	帛書乙	帛書甲	楚簡

下一句「夫天下多忌諱，而民彌叛。民多利器，而邦滋昏。人多知，而奇物滋起。法物滋章，而盜賊多有。」

老子：就是說，治理國家若發布太多的法令，人民就越來越不遵守，會有反叛之心。如果讓人民擁有太多武器，國家就容易陷入混亂。如果人民心機多了，奇怪邪惡之事就容易發生。法律制度太過繁瑣複雜，盜賊就越多。

呂尚：流傳本把「而民彌叛」改為「而民彌貧」。也有很多人認為您老說「人多知，而奇物滋起」，就是愚民政策，不要讓人民多知，殊不知此處的「多知」，是指心機太多，老是想一些不正規的事。

這三句都用「茲」字，表繁多之意。「茲昏」是指昏亂事情太多，「茲起」是指奇怪事情太多，「茲章」是指法律太多。

> **是以聖人之言曰**
> 所以聖人會這樣說
> **我无事　而民自富**
> 我不要管太多事情 人民自然勤勞致富
> **我亡為　而民自化**
> 我不為己私做事 人民自然端正品行
> **我好青　而民自正**
> 我虛心恬淡不胡為 人民自然歸正
> **我欲不欲　而民自樸**
> 我始終想著絕不貪欲 人民自然歸於純樸

老子：所以聖人說，只要我不管太多，不去擾民，人民自然勤勞
　　　致富。

　　　只要我不為己私做事，人民自然端正品行。

　　　只要我虛心恬淡不胡為，人民會自然歸正。

　　　只要我想著絕不貪欲享樂，人民自然也會歸於純樸。

呂尚：太棒了，這是統治者的正確心態，也該是基本心態。

　　　楚簡明明是「我好青而民自正」，我真想不通為何
　　　後世道德經要統統改為「靜」字，流傳本改為「我
　　　好靜而民自正」，完全誤導後人，把您老塑造成消
　　　極人物，我實在看不下去。

　　　《康熙字典（釋文）》中解釋「青，生也。象物之
　　　生時色也。」

老子：青青，即清清。清心寡慾之意。

呂尚：也表示虛心恬淡不胡為。最後一句原文「我欲不欲」被篡改為「我無欲」，您老那種強調之意全失。而且欲用台語唸是 bueh 音，「欲不欲」的意思就很清楚，是「要不要」。

其政閔閔　其民屯屯
為政者用憫恤心處理國事 人民就過得淳樸安定知足
其政察察　其邦夬夬
為政者以嚴刑苛罰來察查 邦國反而會陷入分崩離析
禍　福之所倚
災禍是幸福的倚靠
福　禍之所伏
幸福卻潛伏著災禍
孰知其極　其无
有誰真正了解最後結果呢 沒有
正正復為奇
矯枉過正的事往往會變的奇怪
善善復為妖
矯枉過正的良善也會變成妖異
人之眯也　其日固久矣
世人蒙昧於善惡之分別呀 這種日子已經很久了
是以方而不割　廉而不刺
所以為人方正不去分裂他人 為人清廉不去刺傷他人
直而不絏　光而不曜
為人正直不去拖累他人 心性光明而沒有偏見

呂尚：流傳本篡改成「其政悶悶，其民淳淳。其政察察，其民缺缺」，難怪很多人讀不懂。

老子：我用「閔」是關懷體恤之意，「其政閔閔，其邦屯屯」指為政者能用關懷憫恤的心處理邦國事務，人民就會過得淳樸安定知足。

呂尚：哈哈，王弼的注寫著「言善治政者，無形無名，無事無政

可舉，悶悶然，卒至於大治，故曰，其政悶悶也」，胡亂注解。

老子：「其政察察，其邦夬夬」，「夬」音快，分離也。為政者若是以嚴刑苛罰為察查重點，邦國反而會陷入分崩離析狀態。

呂尚：您老是說「其邦夬夬」，被篡改為「其民缺缺」，所以有人就解釋「政教急，民不聊生，故缺缺日以疏薄」，真不知所云。也有解釋為「大眾人民疏隔匱乏，民風澆薄」，可見流傳本胡亂篡改文字，導至後世研究者胡亂解釋，可惜呀。

老子：所以要用本書來導正呀。

呂尚：下一句「禍，福之所倚；福，禍之所伏；孰知其極？其无。」

老子：災禍是幸福之倚靠，例如遭遇過災禍之人，才知幸福之可貴。幸福卻潛伏著災禍，例如沒遭遇災禍之人，不知珍惜幸福，反而為非作歹，最終災禍就要臨頭。但有誰真正了解最後結果呢？沒有呀。

呂尚：流傳本斷句寫「熟知其極？其無正」，就不知如何解釋了。

老子：「正正復為奇，善善復為妖」，這是過猶不及的道理。我喜歡用重復字來表述觀念。「正正」的意思是說明「正雖然是好的，但正之再正就未必是好事」，所以這一段是說，矯枉過正的道理往往會變成奇怪的道理，矯枉過正的良善也會變成妖異的良善。

呂尚：重復字在台語裡也很多，前面我舉過一些例子了。下一句
「人之眛也，其日固久矣！」

老子：世人迷昧於邪正善惡的分別，這種日子已經很久了。

呂尚：「是以，方而不割，廉而
不刺，直而不絆，光而不
曜」，流傳本篡改很多字，

帛書乙	西漢簡	通行本
絑	肆	肆

「不割」變成「不劌」，「不絆」變成「不肆」，「不曜」
變成「不燿」，想必解釋也會錯的了。

老子：我是說，為人方正不去分裂他人。為人清廉不去刺傷他人。
為人正直而不拖累他人。心性光明沒有偏見。

呂尚：哈哈哈哈，我搜尋到有人解釋為「有道的聖人方正而不生
硬，有稜角而不傷害人，直率而不放肆，光亮而不刺眼」，
這什麼跟什麼嘛？難怪大家認為道德經難懂，其實是篡改
字所害。您老的意思卻是如此簡單，為人方正、為人清廉、
為人正直、心性光明，全是做人基本道理。也要注意不可
傷人、不可放肆、不可炫耀。

其安也 易持也
要使邦國安定呀 才容易維持呀
其未兆也 易謀也
要在未有徵兆時呀 才容易謀策呀
其膬也 易畔也
脆弱的事情呀 容易被分化呀
其幾也 易散也
微小的東西呀 容易散失呀
為之於其亡有也
在事件尚未發生之前 就要想到處理的方法呀
給之於其未亂也
在亂局尚未發生之前 就要給予人民所期望的呀

呂尚：「其安也，易持也；其未兆也，易謀也；其膬也，易畔也；
　　　其幾也，易散也」。

老子：邦國安定，才容易維持。未有徵兆，才容易謀策。脆弱之事，
　　　易被分化。微小東西，容易散失。

呂尚：原來如此。

老子：接著的「為」是 2 聲，指處理事情。處理事情要在還沒有
　　　發生困難之前，就要想到處理的方法。治理國家要在還沒
　　　有發生動亂之前，就要給予人民所期望的。

呂尚：流傳本改為「治之於其未亂」，所以後世都解釋為治理人
　　　民。在楚簡中可以看出是「糸」字邊的字，所以是「給」，
　　　西漢簡與流傳本都改為「治」。

> 合抱之木　生於毫末
> 合臂環抱的大樹 是成長於很小的種子
> 九層之臺　作於虆土
> 九層的高台 是一畚箕一畚箕堆出來的
> 百仞之高　始於足下
> 百仞高的地方 是一步一步走上去的

呂尚：這一則很簡單，楚簡缺，
　　　但其它三個古版本很清楚
　　　都是「之高」，流傳本改
　　　為「千里之行」。

西漢簡	帛書乙	帛書甲
百仞之高	百千土倉	百仞也高

老子：合臂環抱的大樹，是由小
　　　種子萌芽長成的。

　　　九層高台是一畚箕一畚箕堆出來的。

　　　百仞高的地方，是一步步走上去的。

呂尚：「百仞之高，始於足下」，我查了，仞是長度單位，周尺
　　　1 尺約 23 公分，周尺的 7,8 尺為 1 仞，所以 1 仞約為 180
　　　公分，百仞就是 180 公尺，大約是現代的 60 層樓高。流
　　　傳本的「千里之行，始於足下」，也是說得通的。

給人　事天　莫若嗇
給予人民 事奉上天 絕對不要吝嗇
是以早復　是謂重積德
上下有道 就稱為重積德
重積德　則无不克
重積德　就沒有不能克服的事情了
无不克　則莫知其恆
沒有不能克服的事情 就難以估量其能力極限
莫知其恆　可以有國
難以估量其能力極限 就可以讓他來治理國家
有國之母　可以長久
有重積德的人來治理國家 才可以維持長久
是謂槿根固柢　長生久視之道也
此稱為根基牢固 國家長久存在的道理呀

呂尚：第一個字在楚簡中非常清楚刻著「糸」字邊的「給」
　　　如右圖，要讀「薪給」的及音，所以是「給（音及）
　　　人」。

　　　《說文解字》「給，相足也」，《國語周語》「事之供給」，
　　　《齊民要術序》「歲歲廣開，百姓充給」，都可以看出是
　　　給予人民豐盛的意思。帛書乙之後版本把「給人」改為「治
　　　人」，變成治理人民，意義完全不同。

老子：正是如此，我本意是說要「豐盛人民，事奉上天」，不是
　　　治理人民呀，錯了 2500 年，如今必須還原呀。

呂尚：「是以早復」就不懂了。我查「復」在古代也通「複」，

《康熙字典》「上下有道，故謂之複」，可見「復」是配合前一句「給人事天」的「給」，這是指上下有道的精神。對否？

老子：正確。「是以早復，是謂重積德」指上下有道，人心歸服就是重積德。人民能重積德就沒有不能克服的事了，沒有不能克服的事，就難以估量他的能力極限。這種能力難以估量的人，就可以擔負治理國家的重任。

呂尚：這就是用人要用將才之意。「有國之母，可以長久，是謂槿根固柢，長生久視之道也」。

老子：有這種重積德之人來治理國家，才可維持長久，此稱為根基牢固，生命長久存在的道理呀！

呂尚：治理國家必須要有長遠的眼光，也要有深根柢固的建設呀。

大成若夬　其用不敝
大有成就的人看起來若有缺失 可以重用他 不用忌諱
大涅若盅　其用不窮
大有才華的人看起來似乎不足 可以重用他 不會技窮
大攷若拙
很會思考的人看起來好像很笨拙
大成若朒
能發揮的人看起來反而很內斂
大直若詘
正直的人看起來好像受委屈
枲勝蒼　青勝然
跑動可以克服寒冷 清心可以克服炎熱
清清為天下定
清廉恬淡可以使天下安定

老子：我用「成夬、涅盅、攷拙、成朒、直詘」，全是正反字義，
　　　如陰陽的相對表述，才是我的原意。

呂尚：王弼亂改，變成「大成若缺，其用不弊。大盈若沖，其用
　　　不窮。大巧若拙，大直若屈，大辯若訥」。導至後世學者
　　　不了解，只好按照表字來勉強解釋，一般人當然聽不懂了。

老子：「大成若夬，其用不敝」，「夬」音怪，分開之意，也通缺。
　　　指大有成就的人很謙虛，看起來若有缺失，可以重用他，
　　　不用忌諱。

呂尚：「大涅若盅，其用不窮」，《說文解字》涅是盈滿，盅是
　　　空虛。

老子：所以指，大有才華的人看起來似乎不足，可以重用他，不會技窮。

呂尚：確實確實，這些也都是當今企業的用人之法。接著「大巧若拙，大成若肭，大直若詘」。

老子：「大巧若拙」，巧即考，此處指很會思考的人，從不張揚，讓人看起來好像拙拙的。

呂尚：「大成如肭」，肭是緊縮，肭與朒通用，讀音如 new。古代有用「縮肭」，就是縮回去、退卻的意思。在客家話中，東西鼓起來或凹下去仍然說成「贏肭」，等於是凸凹。

老子：「大成如肭」意指最能發揮的人，大有成就的人，從不張顯，反而很內斂。「直若詘」，「詘」即屈，指正直的人往往表現得看似很委屈。

呂尚：這些字必須用河洛音來體會。記得第一次去上海，聽上海朋友講「斜土路」，聽到「斜」的發音與台語發音一樣是「霞」音，「巷」與「項」的發音也和台語一樣是「杭（短音）」，可見，古音應該如此。

我去東京，聽到「神保町」的「神」與台語發音一樣是 sin。日語的「麗」與台語同音，「綺麗」日本人唸為 ki lei，也是與台語一樣發音。

其實國語也有很多字發音與台語相同，例如民、新、如、電、夷、山、河等等，很多哩。如果能夠把客家話、台語、上海話、日語、韓語等學者召集起來，找出發音相同的字，

重新編制河洛古音字典，還原中原古音與文字，那就真有意思哩。

流傳本下一句「靜勝躁，寒勝熱，清靜為天下正。」

老子：我是寫「杲勝蒼，青勝然，清清為天下定」，看楚簡就知道是「杲」，也通「躁」，音造，就是河洛話「跑」的意思。這一句是說跑動可以克服寒冷。

「然」通「燃」，表示炎熱，此句是說清心可以克服炎熱。

最後我用「清清」不是清靜，楚簡就很清楚可看出是「左水右青」的字，「清氵」指清廉恬淡不貪求，天下就自然安定。

呂尚：了解這些古字的意思，就容易明白了。

昔之得一者
從前了解大道合一的人都知道
天得一以清　地得一以寧
天與道合一就會清明 地與道合一就會寧靜
神得一以靈　浴得一以盈
神與道合一就會靈驗 溪流與道合一就會盈滿
侯王得一而為天下正
為政者與道合一就能使天下歸正
其至之也
反過來依此推論
謂天毋已清將恐裂
可以說天不能保持清明恐將分裂
地毋已寧將恐發
地不能保持寧靜恐將崩廢
神毋已霝將恐歇
神不能保持靈驗恐將歇息
浴毋已盈將恐竭
溪流不能盈滿恐怕會枯竭
侯王毋已貴以高將恐蹶
為政者如果不重視大道的重要 恐怕會被顛覆
故必貴而以賤為本
因此 尊貴事物是以謙遜為根本
必高而以下為基
高尚事物是以低下為基礎

老子：此處的「一」是指宇宙至高規律，就是宇宙大道，永恆存在，
　　　清淨無為，本體是獨一無二的。
　　　　此則指天、地、神、浴、侯王各得宇宙大道，分別是天道、

地道、神道、浴道、王道之後的狀況。因此這一段話是說：從前了解宇宙大道者都知道，天與道合一就會清明，地與道合一就會寧靜，神與道合一就會靈驗，溪流與道合一就會盈滿，侯王與道合一就能使天下歸正。

呂尚：帛書乙與西漢簡都可以看出是「天下正」，不是流傳本的「天下貞」。這一則意思就很清楚了。接著「其至之也」，表示反過來。

老子：我意思是說，依此推論，天如果不清明恐將分裂；地如果不寧靜恐將崩廢；神如果不靈驗恐將歇息；溪流如果不盈滿恐將枯竭；侯王如果不重視大道恐將頹躓。

呂尚：所以，一切都要依宇宙規律行之！接著「故必貴矣而以賤為本，必高矣而以下為基」。

老子：這一句是說，尊貴事物是以謙遜為根本，高尚事物是以低下為基礎。

呂尚：萬事萬物的一切都要依宇宙規律行之。事實上，天下道理都很簡單，只是人心太複雜。

> **夫是以侯王自謂孤寡不㣲**
> 因此為政者都自稱孤王、寡人、沒本事
> **此其賤之本與　非也**
> 這些稱呼都是低賤的嗎　不是的
> **故至數輿无輿**
> 所以過多的車子等於沒有車子
> **是故不欲琭琭若玉　硌硌若石**
> 因此不能將自己看成寶玉　不要將他人看成石頭

呂尚：「孤、寡、不㣲」前面已經解釋過了。「不㣲」指沒本事，不是「不谷」，也不是轉為正體字的「不穀」。

老子：此句言，那些侯王們都要自謙稱孤王、寡人、沒本事，難道這些稱呼都是低賤與低下之本嗎？不是的。

呂尚：後世學者卻解說成，我讚美君王們自稱「孤寡不穀」是謙虛的表現，還把「非也！」解讀成「難道不是嗎？」完全扭曲原意。接著「故致數輿无輿。是故，不欲琭琭若玉、硌硌若石。」

老子：輿指車子，此句我用車子來比喻。如果要算車子零件，當然很多，如果要算車子的數量，只有一部。所以，高貴之人不要將自己看成寶玉般尊貴，不要將他人看成石頭般低賤。

呂尚：有這樣的差別心，就失去道的根本了。可見「一」是道的呈現。

希言 自然
為政者要少發號施令 讓人民自然作為
飄風不終朝
再怎麼刮風也不會刮整個早晨
暴雨不終日
再怎麼下暴雨也不會下一整天
孰為此 天地
誰令刮風下雨的 就是天地啊
而弗能久 又況於人乎
天地尚且不能讓風雨持續很久 又何況是人的政令
故從事而道者 同於道
所以在面對有道的人 就以道來互相討論
德者同於德
面對有德的人就以德來互相勉勵
失者同於失
面對失意的人就以同理心去安慰
同於德者 道亦德之
遵循德原則的人 同時也得道
同於失者 道亦失之
失去德原則的人 同時也失道

老子：「希言」少言，我意指：為政者要少發號施令，讓人民自
　　　然作為。

呂尚：這應是治理國家的最高境界，不知有多少為政者能夠體會？
　　　下一句「飄風不終朝，暴雨不終日」。

老子：再怎麼刮風也不會刮整個早晨，再怎麼下暴雨也不會下一
　　　整天。是誰令刮風下雨的？就是天地！天地尚且不能讓風

雨持續很久，更何況是人的政令呢？

呂尚：所以，朝令可以夕改？

老子：何以不可？政令有違正義，有礙百姓，就須立即改，不可
拖延，不可說「惡法亦法」，受害的是百姓呀！

呂尚：這更能體會您老積極任事的態度了！可見您老絕不是消極
人物。令人敬佩，但後世也錯了二千年。

老子：接著我寫「故從事而道者同於道，德者同於德，失者同於
失。同於德者，道亦德之；同於失者，道亦失之」。是在
說，人們在行事之時，面對有道之人，就以道來互相討論。
面對有德之人，就以德來互相勉勵。面對一位失意俗人，
就以同理心去安慰他。遵循德原則的人，同時也得道；失
於德的人，同時也失道。

呂尚：這樣一講就清清楚楚了，言簡意賅，清楚明白。流傳本改
為「故從事於道者同於道；德者同於德。失者同於失。同
於道者，道亦樂得之。同於德者，德亦樂得之。同於失者，
失亦樂得之。信不足焉，有不信焉」，多了不少字，搞得
大家覺得很深奧。

為學者日益
努力做學問的人會日益增進知見
聞道者日損
努力聽聞道的人會日漸減損缺點
損之或損　以至亡為也
減損又減損 回到全然無私的境地呀
亡為而亡不為
不為任何目的 沒有不能作為的
絕學亡憂
竭盡所能去學習 沒什麼可擔憂的

呂尚：這一則流傳本將「聞道者日損」改為「為道者日損」，我
　　　總是覺得不很正確，因為「聞道」與「為道」有其差異，
　　　能夠做到為道的人，不容易呀，絕對有其至高的理念。

老子：「為學者日益，聞道者日損」才是我的原文。是指努力研
　　　究學問的人，會日益增進知見。努力聽聞求道的人，會日
　　　漸減損執著。因為學道聞道都是要減損己見、去除情慾、
　　　排除妄念、丟棄名利虛華、達到無我之境，故曰「損」。

呂尚：這樣一講就明白了。「損」不是指道越來越少，而是指執著、
　　　私慾等越來越少。

老子：「損之或損，以至亡為也」，指執著與私慾減損到最後就
　　　無所造作，回到無所執著的初始境地。「為」要讀4聲，「亡
　　　為」是存在的一種心胸。

呂尚：2000來年大家都以為您老的核心思想是「無為、不爭、靜、

虛無」，是在談空說玄。唉呀，誤解 2000 年了。

老子：我講「无為（4 聲）、亡為（4 聲）」，不是無為（2 聲），不是不作為，而是進入探索任何事物起始時的狀況去做正確的決策與作為，是積極的行為，是極高的智慧，是以解決事情的「有為」為目的，因為道會協助我們將「无為」轉化為「有為」。

呂尚：王弼將「无為」改為「無為」，後世之人就以為此解釋為什麼都不作為，真是大錯了。

老子：我的思想不但積極，而且還超出世俗常人的積極。聖人「亡為而亡不為」是指聖人能不為私人之目的去做事，沒有不能作為的。

呂尚：所以後世修道人、道家、煉丹者沒有正確理解您老的積極意思，產生了消極思想的偏差。

老子：新一代人必須用不同的慧眼來體悟我的文字，才能體會這是一部活生生的宇宙法則、宇宙真理，也是為人處事的規律。

呂尚：我想再次強調，讀者要明瞭老子的思想是積極進取的，不是消極不作為的。

老子：「絕學無憂」四字要放在這裡才對。我指的是，竭盡所能去學習，不會有任何可擔憂的。

呂尚：您老的表述，妙哉。必須體會。

將欲取天下而為之
如果有人為了個人私欲而想要取得天下
我見其弗得已
我的看法是 他是不會成功的
夫天下神器也
因為天下是至尊至貴的神聖東西呀
非可為者也
並不是憑個人私欲就能得到的呀
為者敗之　執者失之
以個人私欲去做必定失敗 以執著之心強取必定失去

呂尚：這一則就很淺顯了，此處的「欲」不只表示「想要」，而
　　　是「私欲」。我試著來解釋：如果有人為了私欲想要取得
　　　天下，我的看法是，他是不會成功的。

老子：很好很好。「夫天下神器也」就是說，因為天下是至尊至
　　　貴至高無比的神聖東西。並不是憑個人私欲就可以得到，
　　　也不是可以執著強取的。

呂尚：所以「為者敗之，執者失之」，想憑個人私欲去做必定失
　　　敗，執著之心想要強取必定失去。

> **將欲取天下也　恆无事**
> 想要取得天下呀　永遠不能有事
> **及其有事也**
> 若是以私心生事擾民呀
> **則不足以取天下矣**
> 就不足以取得天下了

呂尚：這一則句子很淺顯，一看應該就能懂。

老子：要取得天下之人，必須順著天道去取得天下。若是以私慾
之心生事擾民，便無法得到天下了。

呂尚：告誡大家，必須以道德仁義去取得天下，可是當今的民主
選舉，不論是議員、縣市長、立委、總統等，好像沒有人
是懷著道德仁義去取得天下的心，都是以私慾、私利的心，
所以全球政治越來越沉淪。

大上　下知有之
最好的為政者（不擾民）百姓只知有此聖君而已
其次　親譽之
其次的為政者 能得到百姓的親近與稱讚頌揚
其次　畏之
再其次的為政者 以刑罰去治理 人民畏懼他
其下　侮之
最差的為政者 以權術愚弄人民 人民輕蔑他
信不足　有不信
如果為政者誠信不足，人民就不信任他
猷呵　其貴言也
君王的任何言論都要謹慎呀
成事　遂功
事業完成了 功勞達成了
而百姓曰　我自然也
百姓反而會說：是我們自然完成的

老子：「太上」是指最好的為政者，他能行不言之教，也不擾民，
　　　天下百姓能不知不覺地自化，只知道有此聖君，人民並沒
　　　感到他的存在。
　　　　其次的為政者，能得到天下百姓的親近與稱讚頌揚。再其
　　　次的為政者，以刑政與賞罰去治理，人民畏懼他。最差的
　　　為政者，只會以權術愚弄人民，使人民輕蔑他。

呂尚：少少幾個字，包含這麼多治理意涵。下一句「信不足，有
　　　不信！猷呵，其貴言也。」

老子：為政者若是誠信不足，人民就不會信任他。所以說為政者

必須誠信治國呵，君王的任何言論都要謹慎。

呂尚：「成事遂功，而百姓曰我自然。」

老子：事業完成了，功勞達成了，人民不曉得這是為政者的功勞，
　　　反而說：「是我們自然做成的！」這才是最上等的為政者。

呂尚：是的，最高境界就是無形。

人之飢也

百姓之所以會陷於飢餓呀

以其取食稅之多也　是以飢

是他們要上繳的糧食稅太多呀 所以會飢餓

百姓之不治也

百姓之所以不好治理呀

以其上有以為也 是以不治

是因為統治者太過於有其目的呀 所以不好治理

民之輕死也

百姓之所以會不顧死亡呀

以其求生之厚也　是以輕死

是因為他們求生欲望非常強烈呀 所以不怕死亡

夫唯无以生為者

只有那些不為了生存去拚命的人

是賢貴生

才是真正看重自己寶貴生命的人

呂尚：您老在此說的很清楚，第一：人民之所以會饑餓，是因為
要上繳的食稅太多，是以饑。第二：人民之所以不好治理，
是因為其上太過於有目的，是以難治。第三：人民之所以
輕死，因為他們求生慾很強烈，是以輕死。

然而流傳本將第三項改為「以其上求生之厚」，變成統治
者求生之厚，解釋完全錯了。

老子：是的，我通過這三句話，表達獨特之觀點。

呂尚：您老如此一說，非常明白。所以最後是「夫唯无以生為者，
是賢貴生。」

老子：只有那些不需要為了生存去拚命的人，清心寡慾的人，才是真正看重自己寶貴生命的人。

呂尚：您老這樣一說，清清楚楚。居上位的統治者收稅過多，才導致人民飢餓。居上位的統治者太過於造作，所以人民不好治理。問題源頭都在上位的統治者，不是在底下的人民。不論國家或是公司，也都一樣。很多時候，功勞是上面拿去了，有過錯是下面的人在承擔。似乎此種現象很普遍呀。

絕智　棄辨
為政者要竭盡智慧訂定好政策　讓人民不需分辨
民利百倍
如此一來人民利益就有百倍了
絕攷　棄利
為政者要竭盡攷察事務的能力　使人民放棄利益
盜賊亡有
盜賊就會絕跡了
絕愻　棄慮
為政者要竭盡自己的心力來施政　讓人民放棄憂慮
民復孝慈
人民就會回歸孝慈的本性
三言以為事　不足
用這三個原則來治理國事　還是有不足的話
或命之或呼豆
就用命令或呼籲人民遵循
見素　保樸　少私　寡欲
重視樸素　保持謙虛　減少私心　降低欲望

呂尚：這一則困擾了學者二千年，因為流傳本寫的是「絕聖棄智，
　　　民利百倍。絕仁棄義，民復孝慈。絕巧棄利，盜賊無有」。
　　　認為您老要禁絕「聖、智、仁、義、巧、利」，嗚呼哀哉，
　　　實在不通呀！
　　　幸好 1993 年楚簡出土後，大家才知道您老真正的用字。
老子：我寫的是「絕智棄辨、絕攷棄利、絕愻棄慮」。真是完全
　　　不同。

「絕智棄辨，民利百倍」的意思是指：為政者要傾自己的智慧為人民設想周全，訂定好的政策，不要使人民陷入還要分辨選擇的困境，人民就會擁有百倍的利益。

呂尚：簡單八個字，意思完全不同。

老子：下一句「絕攷棄利，盜賊亡有」的意思是說：為政者要竭盡攷察事務的能力，使人民不會追逐利益，盜賊就會絕跡了

呂尚：精彩精彩。「攷」這個字同考，也就是深入的思考、查考。

老子：下一句「絕慤棄慮，民復孝慈」的意思是：為政者要竭盡自己的心力來施政，讓人民放棄憂慮，讓人民復歸孝慈之本性。

呂尚：正解全出來了，原來是在警告主政者三件事，要他們遵守天道，問題都是出在主攻者呀！為政者要「絕智、絕攷，絕慤」，「絕」是竭盡的意思，指為政者要「竭盡智慧、竭盡思考、竭盡用心」為百姓做事。

下一句「三言以為事不足，或命之或呼豆：視素、保樸、少私、寡欲」，這裡怎麼會出現「豆」字？

老子：「豆」在我那個時代有「呼籲」之意。意思是說，為政者用這三句「絕、棄」的原則來做事，還是有不足的話，就需要用命令或是呼籲人民來遵循：重視樸素 保持謙虛 減少私心 降低欲望。

前面講的「絕智棄辨、絕攷棄利、絕慤棄詐」是為政者的

具體作法，「視素、保樸、少私、寡欲」是為政者要人民做到的事。

人都有欲望的，私欲是禁絕不了的，所以我不寫「絕私、棄欲」而寫「少私、寡欲」，只能規勸少一點，這樣才合乎人性，合乎自然。

呂尚：您老不唱高調，而是合乎人性、合乎自然，這才是人人做得到的。

> **重為輕根　清為趮君**
> 穩重是輕盈的根基 清淨是躁動的主宰
> **是以君子終日行　不離其甾重**
> 所以君子終日在外行走 也不離其載生活用品的車輛
> **唯有環官　燕處則昭若**
> 只有負責環衛安全的軍官 下班後也保持職業風格
> **若何萬乘之王　而以身輕於天下**
> 如果擁有萬輛兵車的君王 把自身看得不重要
> **輕則失本　躁則失君**
> 輕則就會失去邦國 躁則就會失去君位

呂尚：流傳本曰「重為輕根，靜為躁君。是以聖人終日行」，

又是一貫用消極的「靜」

字。由帛書甲可以清楚看

出是「清」字，帛書乙是

「綪」，絕對不會是「靜」字。

帛書甲	帛書乙	西漢簡
清	綪	靜

老子：是「清」不是「靜」，是「君子」不只是指「聖人」。我

是說，心性穩重是輕浮妄動的根基，心性清淨是急躁暴氣

的主宰。

呂尚：原來是指君子或是一般人，不是只指聖人。也就是不重則

不威吧。君子行事必須穩重，心性必須清淨，這是基本道

理嘛。

　　卜一句麻煩了，流傳本改為「雖有榮觀，燕處超然」，後

世之人就解釋為華麗的大房子，或是解釋為有榮華之境可

以遊觀，更離譜的是有人把「燕處」解釋為豪華房子內的鶯鶯燕燕。真是嗚呼哀哉呀！

從帛書甲乙本很清楚寫的是「環官」，西漢簡改為「榮館」，通行本改為「榮觀」，從此解釋統統錯了。

帛書甲	帛書乙	西漢簡
環官	環官	榮館

老子：正確是「唯有環官，燕處則昭若」。「環官」是指當時負責朝廷周遭安全系統的軍官。「燕處」是指非公務之時間，也可指下班之後。「昭若」是指仍然顯示著持重與沉靜的職業風格。

呂尚：所以您老是說，負責安全的環衛軍官，雖然下了班，也還是保持著持重與沉穩。總算正確了。下一句「若何萬乘之王，而以身輕於天下？輕則失本，躁則失君。」

老子：如果擁有萬輛兵車的君主，不以自身為重，把自身看得不重要，輕則會失去邦國，躁則會失去君位。

呂尚：這樣一解釋，就知道這一則是在講穩重的重要。

> **若民恆且不畏死　奈何以殺懼之也**
> 如果人民永遠不怕死 還怕你用殺來恐嚇嗎
> **若民恆畏死　則而為者　我將得而殺之　夫孰敢矣**
> 如果人民永遠害怕死 那麼做此事者 我將拘捕並殺死他 還有誰
> 敢呢
> **若民恆且必畏死　則恆有司殺者**
> 如果人民永遠害怕死 就永遠有掌管殺人之事的人存在
> **夫代司殺者殺　是代大匠斲也**
> 若在司法官命令之下去殺人 如同代替劊子手去砍人
> **夫代大匠斲者　則希不傷其手矣**
> 那麼代替劊子手去砍人的人 很少有不傷到自己手的

老子：「若民恆且不畏死，奈何以殺懼之也？」是指：如果人民
　　　永遠不怕死，還怕你用殺來恐嚇嗎？

呂尚：視死如歸，當然不怕了。

老子：「若民恆畏死，則而為者，我將得而殺之，夫孰敢矣」是
　　　說如果人民永遠害怕死亡，那麼做此事者，為政者將會拘
　　　捕並殺死他，還有誰敢再為非作歹呢？

呂尚：「若民恆且必畏死，則恆有司殺者，夫代司殺者殺，是代
　　　大匠斲也。夫代大匠斲者，則希不傷其手矣。」

老子：「司殺者」用你們的話講，是指有判死刑權力的法官，所以，
　　　永遠有司法官這種掌管殺人之事的人存在。若不是在法官
　　　命令之下去殺人，如同代替劊子手去砍人。而代替劊子手
　　　去砍人的人，很少有不傷到自己手的。

呂尚：原本句子很難懂，經您老這麼一說，就清楚明白了。

小邦寡民
小邦國人民少
使十百人之器毋用
縱使有十百倍人力的器械也不去使用
使民重死而遠徙
人民重視生命而不會隨便遠徙外地
有車舟無所乘之
雖有車有船 也不會去乘坐
有甲兵無所陳之
有盔甲兵器 也不會陳列出來
使民復結繩而用之
讓人民體會結繩紀事文明萌芽時的歡樂
甘其食　美其服
品嘗甘甜食物 穿著美麗衣服
樂其俗　安其居
樂享文雅風俗 居住安適處所
鄰邦相望相聞
與鄰近邦國互相遠望互相問候
民至老死不相往來
安居樂業生活滿足 活到老死也不會想搬家

老子：「小邦寡民，使十百人之器毋用，使民重死而遠徙」，指
　　　的是：小邦國，人民少，縱使有十百倍人力的器械也不會
　　　用到，人民尊重自己的生命而不會隨便遠徙外地。

呂尚：「有車舟無所乘之；有甲兵無所陳之。使民復結繩而用之。」

老子：雖然有車有船，讓它空著也不會去乘坐。有盔甲兵器，讓
　　　它放著也不會陳列出來。讓人民體會結繩紀事那時文明萌

芽時代的歡樂。

在此要嚴重糾正 2000 年來，後世人錯誤解釋「結繩而用之」，有人認為我是在提倡返回原始沒有文字時的社會，真是大錯呀！使我的思想蒙冤二千多年。

呂尚：等等，您老這麼一說，我體會到了，在尚未有文字的時代，知道用「結繩」來記錄事情，「結繩記事」是指一個文明萌芽的象徵，代表人民從野蠻進入文明世界。所以不是一些學者解釋為返回原始沒有文字的社會，批評您老有恢復茹毛飲血時代的思想。哀哉哀哉。所以「使民復結繩而用之」的真意是讓人民體會結繩紀事文明萌芽時的歡樂！

老子：是矣是矣。此解方為正確。

呂尚：台灣市面上在講《道德經》的學者，我認識的一位有名學者就解釋為「讓人民回復到遠古結繩紀事的時代」，錯誤大了。

老子：所以，呂子呀，你要記下來，讓人民能有正知。將錯誤極多的流傳本道德經導正，透過這本書，回復我當時所寫的正確意義，方能了透我的真正思想。

呂尚：是的是的，遵行。下一句「甘其食，美其服，樂其俗，安其居。」

老子：人民能品嘗甘甜食物，穿著美麗衣服，樂享文雅風俗，居住安適處所。

呂尚：這才是安和樂利的社會呀！最後一句，我覺得一般解釋有問題，「鄰邦相望相聞，民至老死不相往來」，後世學者

照字面解釋為「人民直到老死也不相往來」，我相信也錯了。帛書甲寫「鄰邦相望相聞」，帛書乙寫「鄰國相望雞狗之聞」，西漢簡寫「鄰國相望雞狗之音相聞」，通行本寫「鄰國相望雞犬之聲相聞」，後世句子越改越長，到底何者正確？

老子：事實上我只在描述人民「相望相聞」就是了。

呂尚：我查維基百科，也有說：「民至老死不相往來」於現實生活中常被斷章取義，取其字面直觀含義而棄其整體邏輯環境，由此而生消極面並遭致批判。也有人解釋為「兩國人民的道德程度實在差很多，所以他們至死都不會互相往來」，不會如此吧？

老子：沒有那麼複雜啦，我說的其實很簡單。你們想想，日常生活都達到品嘗甘甜食物，穿著美麗衣服，樂享文雅風俗，居住安適處所的程度，而且與鄰近的邦國人民都能相遠，聲音都能互相聽到，人民安居樂業生活滿足，活到老死也「不會想搬家」。

呂尚：哈哈，原意出來了，精彩呀。「民至老死不相往來」應該是「民至老死不想搬家」。人民當然不會想搬家，因為每天能品嘗甘甜美食，能穿美麗衣服，享受文雅風俗，安居樂業，生活滿足，還有什麼別處有更好的？
治國之人應該要朝這個理想目標去規畫政策才對呀！環觀全球，似乎當今北歐一些國家，像是瑞士、挪威，或是中亞的不丹，能夠做到人民安樂的地步。

> 治大邦　若亨小鮮
> 治理大國 宛如向上天獻祭牲禮（的誠心）
> 以道立天下
> 以宇宙正道立於天下
> 其鬼不神　非其鬼不神也
> 有些人行為詭異也不神秘 並不是他們詭異而不神秘呀
> 其神不傷人也　聖人亦弗傷也
> 而是他們表明自己不傷害人呀 聖人也不傷害他們呀
> 夫兩不相傷　故德交歸焉
> 彼此互不傷害 所以都能相互得到對方的信任

呂尚：哈哈，「治大國若烹小鮮」這一句太有名了，所有人都解釋成治理大國就像烹煎小魚蝦。但是我直覺認為絕對不正確。

老子：這短短幾個字卻錯了 2000 多年。我是寫「治大邦若亨小鮮，以道立天下。」注意是「亨」字。

呂尚：沒錯，帛書乙本與西漢簡清清楚楚寫著「亨」。

老子：「亨」在我時代是指「祭獻」，「小鮮」是新殺牲禮。所以「治大邦若亨小鮮」本意是指治理大邦者必須擁有向上天祭獻新殺牲禮般的誠心，以宇宙正道立於天下。

呂尚：透過您老的傳訊，我也很認真翻查各種辭書，果然在《說

文》裡頭看到「亨」圖形，就是一個容器，上面是蓋子，下面是個手把，容器裡面兩個橢圓物代表裝在裡面的牲禮。《漢典》說：「亨，象形。金文字形，象盛祭品之器形。本義：獻。」這就非常清楚明白了，「亨」是獻祭用的盛裝祭品的容器。和烹煮小魚蝦一點關係都沒有。這要怪韓非子了，他把「亨小鮮」篡改成「烹小鮮」，後人又把「小鮮」解釋成小魚蝦，於是 2000 年來大家都在烹煮小魚蝦。哈哈哈哈。

老子：因為治大邦，政事繁多，首重讓人民安居樂業，要維護人民的財富，也要消除人民的貪婪。政策必須正確，否則各種紛繁複雜的矛盾和衝突也就產生了，也就脫離自然規律之道。故我寫「亨小鮮」指為政者必須要用祭獻新殺鳥獸般的誠心，用道立天下，這才是治大邦之道。

呂尚：我發現「治大邦若亨小鮮以道立天下」，必須連在一起解讀！也就是說，為政者必須以祭獻新殺鳥獸般誠心用道去治理天下，方能使人民安居樂業、和氣致祥。

老子：很好很好。正合我意。

呂尚：接著，「其鬼不神，非其鬼不神也，其神不傷人也。聖人亦弗傷也。夫兩不相傷，故德交歸焉」，不過，我覺得這幾句似乎多餘的。

老子：也可以這麼看。我只是補充一下而已，即使有些人行為詭異，也不神秘，並不是他們詭異而不神秘，而是他們表明

　　不會傷害人，聖人也不傷害他們。彼此互不傷害，所以都能相互有德，得到對方的信任。

呂尚：真是精彩，這是治理天下最高的境界！

> **大邦者下流也**
> 大邦應如居於江河的下游呀
> **天下之牝　天下之交也**
> 如同天下雌性動物 以柔弱安靜自處呀
> **牝恆以靚勝牡**
> 雌性永遠勝過雄性的剛強躁動
> **為其靚也　故宜為下**
> 為了要安靜 所以要居下謙柔

呂尚：「大邦者下流也」被篡改為「大國者下流」。「下流」應
　　　不是一般認為的下流吧！

老子：正確。「大邦者下流也」，指大邦應如居於江河之下游，
　　　方能成為百川彙集之歸處。「天下之牝，天下之交也」，
　　　如同天下雌性動物，以柔弱安靜自處。「牝恆以靚勝牡」，
　　　指雌性動物常勝過雄性動物的剛強躁動「靚」是安靜，為
　　　了要安靜，所以謙柔！

呂尚：帛書甲本用「左青右見」
　　　的「靚」字，指安靜，不
　　　是流傳本的「靜」。

帛書甲	帛書乙	西漢簡

大邦以下小邦　則取小邦
大邦能以誠信對待小邦就能取得小邦的歸附
小邦以下大邦　則取於大邦
小邦能謙卑自處 就能取得大邦的利益
故或下以取　或下而取
因此有的是處於謙下以取得 有的是處於低下而獲得
大邦者　不過欲兼畜人
身為大國 沒有過分要求去培養小國的人
小邦者　不過欲入事人
身為小國 也沒有過分要求去攀附大國的事
夫皆得其欲
這樣雙方都獲得自身所要的事物
則大者宜為下
所以大且強的邦國應該謙虛居下

呂尚：「大邦以下小邦，則取小邦。小邦以下大邦，則取於大邦。
　　　　故或下以取，或下而取。」

老子：所以說，大邦能謙卑自處，以誠信有禮對待小邦，就能取
　　　　得小邦的信服。小邦能謙卑自處，以誠信有禮對待大邦，
　　　　就能取得大邦的利益。因此，有的是處於謙下以取得，有
　　　　的是處於低下而獲得。

呂尚：「大邦者不過欲兼畜人，小邦者不過欲入事人。夫皆得其
　　　　欲，則大者宜為下。」

老子：所以大邦沒有過分要求兼培養小邦的人；小邦沒有過分要
　　　　求，只多配合大邦。這樣雙方都獲得自身所要之事物，所
　　　　以，越是大且強之一方，更應該要居下謙虛。

呂尚：這一則明確說明大國與小國的相處之道，簡單明瞭，精彩。

君子居則貴左
君子家居是重視左側尊位
用兵則貴右
用兵打仗時重視右側尊位
故曰　兵者不祥之器也
所以說　武器是不祥的器具呀
不得已而用之
不得已的情況下才會使用
銛攏為上　弗美也
把鋒利兵器收攏才是上策　也不用去讚美呀
美之　是樂殺人
若是讚美兵器　會樂於殺人
夫樂殺人　不可以得志於天下
樂於殺人　就不可以得志於天下的

老子：我是楚國人，楚人以左為尊，吉事在左。以右為卑，凶事
　　　在右。所以寫「君子居則貴左，用兵者貴右」，此段言，
　　　君子家居會重視左側尊位，用兵打仗時重視右側尊位。

呂尚：我們現在也說男左女右、男尊女卑。可見傳承悠久了。

老子：「故曰兵者不祥之器也，不得已而用之」，是說武器是不
　　　祥之器具，是人人都討厭的，不得已的時候才用之。

呂尚：這一句流傳本改為「兵者不祥之器，非君子之器，不得已
　　　而用之」，多了「非君子之器」。
　　　　　「銛攏為尚，弗美也。美之是樂殺人。夫樂殺人，不可以
　　　得志於天下」，「銛攏為尚」被流傳本篡改為「恬淡為

上」，造成很多人不會解釋。這四字由楚簡、帛書甲乙本都可以看出第一個字是「金」字邊的「銛」，不是心字邊，西漢簡改為心字邊的「恬」，這兩字意思完全不同。

老子：「銛攏為尚」是指把鋒利兵器收攏不用才是上策，也不用去讚美。若是讚美兵器，會樂於殺人。樂於殺人，是不可得志於天下的。

呂尚：「銛攏為尚」改為「恬淡為上」，根本與兵器無關，意義也完全不同。難怪解釋者都迷糊了。

故吉事上左　喪事上右
所以吉慶之事以左為上 凶喪之事以右為上
是以偏將軍居左　上將軍居右
所以地位較低的將軍居左位 地位高的將軍居右位
言以喪禮居之也
這說明軍禮是以喪禮來看待呀
殺人眾則以哀悲位之
殺人多的將領當以悲哀心情用喪禮位置來安排
戰勝則以喪禮居之
戰勝的一方也要用處理喪事那樣的禮儀來處理

老子：前面說過楚人以左為尊，吉事在左，凶喪在右。所以，地
　　　位較低的偏將軍居左位，地位高的上將軍居右位。這說明
　　　軍禮是以凶喪之禮儀來看待。

呂尚：「殺人眾則以哀悲位之，戰勝則以喪禮居之。」後世學者
　　　不明白周朝葬祭用語，看不懂這一句，就妄把「以哀悲位
　　　之」改成「以悲哀泣之」，錯了。

老子：此處有需要說明「位」，指「安葬死者之後，再置位祭祠」。
　　　我本意是說，殺人很多的將領當以悲哀心情，用喪禮位置
　　　來安排，戰勝之一方也要用處理喪事那樣的禮儀來處理。

呂尚：所以您老是表示，對於戰事要用喪禮之心對待，雖然勝利
　　　了，也要以喪禮的心情去安排，而不是慶祝戰爭勝利了。
　　　這才是對人類的關懷呀！胸襟何其大呀！

將欲翕之 必古張之
要收攏的 必定原本是張開的
將欲弱之 必古強之
要削弱的 必定原本是強固的
將欲去之 必古與之
要除去的 必定原本是擁有的
將欲奪之 必古予之
要奪去的 必定原本是給予的
是謂微明
這些都是小聰明的手段
柔弱勝強 魚不可脫於瀟
柔弱勝過剛強 魚不可以脫離深清水塘
邦利器不可以示人
國家利器不可以拿來誇示於人

呂尚：流傳本將本則的「古」統統改為「固」。

老子：「古」字是指原本，用「翕張，弱強，去與，奪予」的正
　　　反行為來說明。

呂尚：這是您老一貫的正反對稱用語。

老子：由於流傳本寫成「將欲……必固……」，解釋就變成以「必
　　　固……」來達到「將欲……」之目的，當然解釋錯了。

呂尚：正確是「將欲翕之，必古張之」，翕是合起來的意思。也
　　　就是說，打算要合起來的東西，必然原本是張開的。

老子：很好，正是此解。所以「張」是「翕」之本象，「強」是「弱」
　　　之本始，「與」是「去」之本兆，「予」是「奪」之本源。

呂尚：您老本意是說，要合起來的東西，本來是打開的，就是「將欲翕之，必古張之」。本來是堅強的，才能使之柔弱，「將欲弱之，必古強之」。這樣才合理嘛！

老子：我是比喻，掌權者喜歡運用獎懲做為治國的手段。原本是張開的卻要翕合，原本是堅強的卻要搞成柔弱，原本是要參與的卻把它除去，原本是要給予的卻把它奪去；這些都是小聰明的手段，所以稱為「微明」。

呂尚：可是，有些人把「微明」解釋成「深幽不顯，道理清楚」，或是「隱微奧秘的真理」，或是「讓人看不見的陰謀詐術」，使得宋朝的朱熹批評您老是陰謀家。

老子：我提出此些自然現象之理，目的是要人明白福禍等同，不可以事物的現象來定論，不要因福禍而失天道，必須以平常心視之，順天道為之。

呂尚：「柔弱勝強，魚不可脫於瀟，邦利器不可以示人。」

老子：柔弱勝過剛強，魚不可以脫離深清水塘，邦國最重要的利器不可以拿來誇示於人。

呂尚：有些人將「利器」解釋為國家的武器不可以針對人民，或是國家的武器不可隨便誇示於人，一旦誇示於人，就很可能危害了自己，因為他國也一定要製造更厲害的武器來威脅你，如此戰爭之事，就更難以避免了。好像太多個人的解釋了。

老子：我撰文時，意思都很明晰，不需過多形容與解釋。

> **以道佐人主者**
> 運用宇宙大道去輔佐國君的人
> **不欲以兵強於天下**
> 不會仗恃自己的兵力去強取天下
> **善者果而已　不以取強**
> 善於用兵的人只是捍衛邦國而已 而不是強取他邦
> **果而弗伐**
> 捍衛邦國而不侵犯鄰邦
> **果而弗驕**
> 捍衛邦國而不驕狂
> **果而弗**
> 捍衛邦國而不自誇
> **是謂果而不強**
> 此稱為捍衛邦國而不爭強

呂尚：流傳本這一則在「不以兵強天下……善者果而已」之間多
　　　了「其事好還。師之所處，荊棘生焉。大軍之後，必有兇
　　　年。」

老子：這五句是後人添加上去的，可刪去。而且，大軍之後，未
　　　必有凶年！

呂尚：難怪我讀查證流傳本時就覺得這些句子怪怪的。您老一向
　　　簡單明瞭的句子，被後世增添一些字，又胡亂編排，優待
　　　後世學者統統做了很多冤枉的解釋了。

老子：「以道佐人主，不欲以兵強於天下」這一句是說，知曉運
　　　用宇宙大道去輔佐國君的人，不會仗恃自己的兵力，強取

天下。

呂尚：這就簡單易懂了。

老子：但接著的「果」字，大家又都解釋錯了。

呂尚：又錯了？「果」字不是「戰果」嗎？也有解釋是勝利。大家都這麼解釋的。

老子：不能用後世的理解來解釋，必須用我那個時代的用語來理解。呂尚，你去查查一些古書吧！

呂尚：我查《尚書泰誓》中有「迪果毅」，就是「舞干戔」。《周禮考工記》「戔，長有四尺。」《國語周語》「制戎以果毅，制朝以序成。」果毅就是干戔。

老子：後世學者不知我當時周朝的「果毅」就是「干戔」，就是兵器。卻解釋成「殺敵致果」，都是錯解了。

呂尚：經您老這麼一說，「果毅」在周朝就是干和戔，也就是兵器，不是戰果。

老子：正是。果是干，即為盾。「戔」是四尺長的兵器，兩者都是指兵器，代表「捍衛邦國」。

呂尚：所以，「果而弗伐，果而弗驕，果而弗 」都是在講捍衛邦國，不是講戰果？

老子：沒錯。「善者果而已，不以取強」指善於用兵者的任務就是捍衛邦國而已，而不是強取他邦。

能捍衛邦國而不侵犯鄰邦，能捍衛邦國而不驕狂，能捍衛邦國而不自誇。此稱為：捍衛邦國而不爭強。

呂尚：原來如此，這也才是遵循宇宙大道在做事，任何仗恃逞強
　　　的行為，是不合乎大道的。

老子：如果後世詮釋我的文字全都正確，那麼現在我就不用透過
　　　你來做這個辛苦的工作。呂子呀，降大任於你，我祐之。

呂尚：謝謝謝謝。很多人將流傳本「善者果而已，不以取強。果
　　　而勿矜，果而勿伐，果而勿驕，果而不得已，果而勿強」，
　　　解釋成：善用兵的人，有了戰果就知適可而止，不以奪取
　　　自豪。所以有了戰果就不要誇耀、不要自大、不要驕傲。
　　　要獲得這個戰果實在是不得已的，並不是有意誇耀強大的
　　　兵力來驕矜的。

老子：與我本意差多了。

呂尚：又有台灣學者解釋為「善於用兵的，速求結束，不敢逞強
　　　豪取！速求結束，不敢自負；速求結束，不敢誇耀；速求
　　　結束，不敢驕慢！速求結束，用兵乃不得已；速求結束，
　　　用兵切勿逞強。」嗚呼哀哉！

用兵有言曰
用兵有個訓言說
我不敢為主　而為客
我不敢主動挑戰 只是被動應戰
我不敢進寸　而芮尺
我不逞強前進一寸 寧可後退一尺
是謂行无行　攘无臂　執无兵
這樣的打仗 不像殺氣騰騰的打仗 雖然高舉臂膀也沒有出手的模
樣 手裡拿著武器也沒有出兵的樣子
乃无敵矣
能夠做到這樣就天下無敵了
禍莫大於无適
禍害莫大於不知如何適從地應戰
无適亡我葆矣
不知適從應戰就會喪失家國
故稱兵相若
因此實力相當的兩軍對陣
則哀者勝矣
哀憫天下蒼生的人方能得到勝利

老子：前三句是說，用兵有個訓言：我不敢主動挑戰，只是被動
　　　應戰；我不逞強前進一寸，寧可後退一尺。這是戰爭最高
　　　藝術，看起來是不爭取主動，是被動。實際上是指不主觀，
　　　不固執成見，保持絕對客觀。
呂尚：原來有如此深沉的含義，這又是您老不消極，而是積極的
　　　表徵了。下一句「是謂行无行，攘无臂，執无兵，乃无敵
　　　矣」。

老子：像這樣的打仗行動，不像殺氣騰騰的打仗行動。雖然高舉臂膀，也沒有出手的模樣。手裡拿著武器，也沒有出兵的樣子。能夠做到這樣就天下無敵了。

呂尚：「禍莫大於无適，无適亡我葆矣」。帛書甲與西漢簡可以看出是「走」字邊的无適，帛書乙改為無敵，流傳本改為輕敵。

帛書甲	帛書乙	西漢簡

老子：「无適」是指打戰時不知如何適從應戰，這是作戰時最大的禍害，不知適從應戰，就會喪失該保衛的家國。

呂尚：但是「輕敵」也會打敗戰的，不過會比「無適」狀況好一些。「稱兵相若」被流傳本改為「抗兵相加」。

老子：「稱兵相若」指實力相當的兩軍對陣，能哀憫天下蒼生才出戰的人，方能得到勝利！

呂尚：這是「哀者勝矣」的原意，也如同「哀兵必勝」，不過一般解釋為「充滿哀傷心情的一方必能獲勝」。台灣教育部簡編國語辭典修訂本中，「哀兵必勝」被釋為「指受壓迫的一方，因懷有悲憤的情緒，必能克敵制勝」。似乎不正確了。

老子：我意「哀者」是指「哀憫天下蒼生的軍隊」，才會獲得勝利。這才是德的表現呀！不是指充滿哀傷心情、悲憤情緒。這是小我非大我。

故曰為道者　非以明民也
所以說用道治國的人 不是教人民如何精明呀
將以愚之也
而是要他們質樸如愚不違背初心呀
民之難治也　以其知也
人民之所以難治理呀就是太自以為聰明呀
故以知治邦　邦之賊也
用機巧的聰明治國 反而是邦國的禍害呀
以不知治邦　邦之德也
不以機巧的聰明治國 才是邦國的德呀
恒知此兩者　亦稽式也
永遠知道這兩者 就是治國的重要法則呀
恒知稽式　此謂玄德
永遠知道這個重要法則 就叫做玄德
玄德深矣遠矣
玄德既深邃又幽遠
與物反矣　乃至大順
和一般世俗事物截然不同 最後才能獲得大順利

老子：我說的是，用道治國的人，不是教人民如何精明，而是要
　　　他們質樸如愚，不要違背初心。因為人民之所以難治理，
　　　就是太巧詐了，太自以為很聰明。

呂尚：您老有前瞻呀！人民都自以為很聰明，尤其是現在的民主
　　　社會，民粹太多了，百姓都自以為是，才是難治理的原因。
　　　這裡的「明」指非常精明，不是指一般的明白。「愚」是
　　　質樸如愚，不是愚民。

老子：「知」為智，「故以知治邦，邦之賊也；以不知治邦，邦之德也」，我是指，用崇尚機巧聰明來治國，百姓就變得賊頭賊腦，反而是邦國的禍害。不以機巧的聰明來治國，才是邦國的德呀。

呂尚：不少人看到您老寫「以知治邦，邦之賊也」，就以字面來批評您老是愚民主義，殊不知真正的意思是不要用機巧聰明來治國，必須以道立天下。

　　「恆知此兩者亦稽式也。恆知稽式，此謂玄德。玄德深矣遠矣，與物反矣，乃至大順。」

老子：「稽式」指重要法則。永遠要知道這兩個道理是重要的治國法則，就叫做玄德。玄德既深遂又幽遠，和一般世俗事物截然相反，才能獲得大順利。

呂尚：這幾則都在談治國，難怪外國很多領導者都視道德經為治理經典，很多企業家也重視道德經。反而沒有看到幾位台灣人在讀道德經，可惜呀。

　　最後在此結尾時，我還是要說，二千年來可惜了，都是讀到被篡改上千處的王弼注道德經，根本不是老子原文。所以讀不懂的人很多，錯誤解釋的人也很多。此次，老子用宇宙傳訊給我，希望大家從此能夠欣賞正確的原文，正確了解他的本意。說實在，不需多加解釋，相信大家只要閱讀白話的部份，稍微瀏覽一下原文，就完全能夠體會了。祝福本書讀者！

卷後：老子遇過外星人？

《拾遺記》這部書是晉隴西安陽人王嘉（字子年）所撰，凡
19 卷，220 篇，皆為殘缺不全。相傳秦滅六國之際，五都淪覆，
天下大亂，河洛之地沒為戎墟，宮室損毀，典章散滅，使得當初
社會知識階層的皇族文獻與史料散肆。王嘉便把殘文搜羅起來，
故書名為《拾遺記》。

卷三有一段記錄就令人深思了，記錄老聃在周朝末期，「住
反景日室之山，與世人絕跡。惟有黃髮老叟五人，或乘鴻鶴，
或衣羽毛，耳出於頂，瞳子皆方，面色玉潔，手握青筠之杖，與
聃共談天地之數……五老即五方之精也……浮提之國，獻神通善
書，二人……佐老子撰道德經，垂十萬言。……老子曰：『更除
其繁紊，存五千言』。及至經成工畢，二人亦不知所往。」

這一段若是翻成白話，就是說老聃在周朝末期，住在反景日
室的山上，沒有與世人往來。只有黃頭髮老人五人，有時乘著鴻
鵠與仙鶴而來，有時穿著白色羽衣，耳朵高於頭頂，瞳孔都是方
形的，面色很白，手握著某種青筠之杖，與老子共談天地之數……
五老就是五方之精也。……浮提之國，來貢獻神通善書，二人……
協助老子撰道德經，共十萬言。……老子說：『刪除其繁紊，存
五千言』。及至全書完成工作完畢，二人就不知所往了。」

精彩了，若是將這七人解讀為七位外星人，就能解釋五位黃
頭髮老人何以耳朵高於頭頂，瞳孔是方形的，穿著白色太空衣，

手握著某種電訊裝置，與老子共談宇宙天地的事情，難怪道德經充滿宇宙天地的敘述，就容易理解為何老子對於宇宙有超乎時代的了解，而寫出符合現代宇宙科學認知的場景，造就了老子恢宏的宇宙大道思想體系。

　　而後又有二位外星人協助老子撰寫道德經共十萬字，寫完之後，此二人就不知所往了，或許就是飛回他們的星球。更讓人佩服的是老子把十萬字刪簡為五千字，此種文字功力實在了不得，也使得道德經成為曠世經典。

　　這是秦滅六國時，王嘉把散落各處的文獻與史料殘文搜羅起來，忠實留存的記錄。當代人當然無法考證了。

作者：呂尚（呂應鐘）教授

台灣兩岸關係發展促進會學術委員會主任委員
　　兼＜老子德道經原義研究中心＞執行主任
中華道家茅山丹道協會道醫顧問
（香港）中華道學文化現代發展協會會長

【國學、道學、佛學】方面資歷

1992 接觸到佛經《長阿含經世紀經》，立即有所感悟，並創立以
　　「宇宙生命科學」開創國學道學佛學的研究新路。

2004 台灣網路 NOWnews 稱他為＜台灣三大科學怪傑之一＞

2012 當選中華老子思想研究會常務理事

2014 美國 Amazon 網路書店中英文對照《成功源自解決疑
　　難：二十位台灣精英的故事（Success Comes from Solving
　　Problems: 20 Taiwan Elites Tell Their Stories）》，稱他為＜整
　　合開創大師＞

2016 當選（澳門）亞洲人文及自然研究會副會長

2019 擔任《老子思想正本清源論壇》主講人

2019 Facebook《初雲宗佛學科學論壇》主寫人

三十多年來運用宇宙生命科學理論，融入多重宇宙與量子理論創
造出獨特的「時空動力學」為基底的《宇宙實相＋生命真相》整
體理論架構，並建立道學佛學的科學新詮釋與推廣。

作者：呂尚（呂應鐘）教授

【國學、道學、佛學】相關著作

1984.05 出版《科學眼看歷史》

1992.12 出版《大世紀：佛經宇宙人紀事》

1995.05 出版《商用風水學：風生水起財運來》

1995.09 出版《商用觀人學：知人知面又知心》

1995.09 出版《大預言家》

1995.11 出版《百年實用科學黃曆》

1995.12 出版《佛經 vs 宇宙人》

1996.12 出版《商用易經讀本》

2000.01 出版《古籍科技思想》

2000.02 出版《周髀算經天文研究》

2001.05 出版《阿含經大世紀》

2003.08 出版《心經宇宙生命學：宇宙論與生死學考察》

2011.08 出版《當佛經遇上宇宙科學》

2014.03 出版《心經宇宙生命學（2 版）》

2015.05 出版《般若波羅蜜心經的宇宙生命智慧》

2018.02 出版《老子不為（4 聲）》

2018.10 出版《佛陀的量子世界》

2020.10 出版《法華經的宇宙文明》

2020.11 出版《心經的宇宙生命科學》

2021.01 出版《佛陀的初心：2550 年前最早的正法》

2022.12 出版《佛陀的多元宇宙》

2023.01 出版《道德正經：老子到底寫了什麼？》

【國學、道學、佛學】相關論文

1995.11.10 〈以多重時空場理論詮釋佛經諸天內涵〉，佛教文化
　　　　　與現代社會學術研討會，北京大學，北京

1997.06.22 〈媽祖信仰與心靈關懷〉，第二屆媽祖民俗信仰學術
　　　　　研討會，佛光山臺北道場，台北

1998.03.14 〈破除宗教亂象應先落實心靈科學教育〉，第一屆超
　　　　　心理學術會議，南華大學，嘉義

1999.03.27 〈由風水源流發展批判後世風水術之迷信〉，第五屆
　　　　　中國科技史研討會，中央研究院科技史委員會，台北

2002.03.04 〈佛說三界之宇宙生命學闡述——從隱秘能量及宇宙
　　　　　多維理論談起〉，南華大學學術研討會，嘉義

2003.05.09 〈佛陀時空與生命思想之廿一世紀闡述：從隱秘能量
　　　　　及宇宙多維觀談起〉，第一屆生命關懷教育學術研討會，萬
　　　　　能技術學院，桃園

2011.10.22 〈宗教思想與新宇宙論匯通之探討：以心經為例〉，
　　　　　第三屆人天科學暨超心理學研討會，昆明

2016.11.19 〈瀕臨失傳的祝由術即現代之信息療愈〉，第二屆全
　　　　　國自然國學學術研討，昆明

2017.05.20 〈來自宇宙高生命智慧的資訊：首度揭露〉，世界華

2018.03.24 〈宇宙的傳訊──老子從雲端告訴我他的文字思想真相〉，京津冀飛碟探索研究中心大會，北京

2018.04.15 〈中華道學思想之宇宙生命學實踐〉，2018 國際華人超心理學大會，浙江寧波大學，寧波

2018.06.17 〈生命終極之門：從宇宙高維度思考不同系統的生命〉，上海國際光大會展中心，上海

2023.　〈從藥師經十二大願論心念之能量療愈〉，湖州碧岩禪寺藥師文化研討會，浙江

【聯絡】

想獲得呂尚教授日後的活動、課程訊息，歡迎加入台灣全我中心 LINE@

附冊：

老子

德篇篇
道原
道文白
話精
譯

德篇

論德

高尚品德的人不會執著於表現自己有德性　所以是有德

品德低下的人執著於表現有德性的樣子　所以是无德

高尚品德的人不會以私心去做事　做了還認為沒有做呀

仁慈心高的人雖有目的去做事　還認為自己沒有做呀

義氣高的人雖有目的地去做　也還會記得自己有去做呀

懷著禮貌去做 對方卻沒有回應呀　就不理會而自行離去

所以　失去大道只好強調德性　失去德性只好強調仁心

失去仁心只好強調正義　失去正義只好強調禮儀

禮儀這個東西　是忠信的依靠呀　再沉淪下去就是禍亂的開始呀

有這些認知的人　只追求道的華麗外表呀　就是愚昧的開始呀

所以大丈夫會謹守忠信本質　不會淪落到需要有所依靠

會謹守實相　不會去守浮華表相　所以要去除浮華而取實相

善於建立功業的人不會被拔除

善於保護功業的人不會被替換

子孫必須以此二原則來祭祀　不能表示困難和吝嗇

能將德修於自身者　他的德是真實的

能將德修於家庭者　　他的德有餘蔭的

能將德修於鄉里者　　他的德就長遠了

能將德修於邦國者　　他的德就豐厚了

能將德修於天下者　　他的德就廣遍了

用觀察家庭之眼光觀察家庭

用觀察鄉里之眼光觀察鄉里

用觀察邦國之眼光觀察邦國

用觀察天下之眼光觀察天下

我何以能得知天下變化情況呢　　就是用這個方法

具有良好道德修養的人　　好比天真無邪的嬰兒

各種毒蟲不來螫他　　各種鳥獸不來抓他

他的筋骨柔弱　　手握起來卻很硬朗

還不懂兩性交合之事　　小生殖器卻會勃起　　這是精氣充足使然呀

嬰兒終日號哭而不傷嗓子　　此為和氣充足使然呀

和氣即為常理　　知和氣的人就是明白人

有益於人生者即為吉祥　　心念產生意氣用事就是逞強

萬物到了最強壯之後老化得很快　　叫做不合乎自然規律

能做到身體與精神合一的人　　內心不會崩離了

能做到圓守元氣而仍然柔軟的人　　就是嬰兒了

能做到修除貪執心靈清淨的人　　不會有瑕疵了

308

能愛護人民用心治理國家的人　沒有什麼不知

能做到心靈開闊守道的人　不會憂柔寡斷了

能做到明白事理的人　也是沒有什麼不知的

論做人

我永遠有三個美德（優點）

一是慈悲慈愛　二是節儉樸實　三是知止不傲

這三者都敢做在天下人之先

因為慈愛慈悲所以能勇敢　節儉樸實所以能廣擴

因為內心知止不傲　任何事情都敢於做在他人之先

方能成就長遠大事

現在有人捨棄慈悲慈愛之心卻好勇

捨棄節儉樸實行為卻浪費

捨棄知止不傲的謙讓美德卻爭先　必使自己陷入死境

只有慈悲慈愛　一旦戰爭才能得勝　防守家園才能固守

上天將建立積極的機會　會以慈悲慈愛之心保護之

信實的話不一定動聽　動聽的話不一定信實

知識專精的人不一定廣博　知識廣博的人不一定專精

良善的人不多　多的是不良善的人

能察覺細微處的人才是明白人

能保持柔弱心的人才是強勝人

點油燈　用其光來照周遭　燈心要亮才會明亮

不要留下身心缺點 是為保護常理

名聲與身體　哪一樣應該親近

身體與物質　哪一樣應多重視

獲得與喪失　哪一樣是不好的

過分貪求物質　必定會大費精神

收藏過多寶物　必會失去更多東西

因此知足知止的人不會受侮辱　知分寸的人不會有危險

才可以維持長久

提著腳跟站立的人站不住的

自視甚高的人會不得彰顯

固執己見的人會不明事理

自吹自擂的人不會有功勞

自我誇耀的人不會有長進

從道的角度來看　宛如已吃飽又繼續吃　會影響行為舉止

有些事物也會討厭此種狀況　所以有欲望的人會約束自己

古代善於輔佐國君的士人不會武斷

善於作戰的人不易動怒

善於戰勝敵人的人會謹慎前進

善於把戰俘做成祭品的人地位低下

這些稱為慈悲憐憫的美德　也稱為卑賤低下的人的美德

也稱為配祭上天與祖先的極致呀

長古以來善於輔佐政務的士人

必定溫文儒雅　對道的了解深厚通達　常人難以明識

所以要為他們歌頌

呀呀呵　就像冬天涉川如履薄冰

拘謹呵　就像顧畏四鄰虛心謹慎

嚴謹呵　就像賓客謙讓嚴守禮儀

隨和呵　就像水澤渙漫隨處流散

淳厚呵　就像未刨原木質純樸素

沉穩呵　就像渾濁水流緩慢沉澱

誰能使渾濁水流平靜下來　就會逐漸清明

誰能使寂靜事物活動起來　就會充滿生機

能遵行此天道的人　不會經常想要顯露出文采

觀望啊　他們好像還沒走上正軌　眾人歡聚在一起

宛若享用豐富宴席　好像春日登台遠眺

我已有依靠了　但他人看不出來　如同嬰兒還不知嘻笑

疲累啊　像是無家可歸

眾人都有積餘　唯獨我沒有　我擁有愚人般樸實之心呀
渾沌呵　世俗人都很精明智巧　唯獨我好像愚鈍迷糊呵
世俗人都很嚴厲苛刻　唯獨我淳厚寬宏呵
飄忽呵　人群就像大海
觀望呵　人群好像還不知停止
眾人皆仗恃自己聰明　只有我獨守自然又不張顯
我要求自己不同於他人　尊重博大天道的哺育

有些人在受寵或受辱時都會驚訝
太過重視　最大的禍患卻是自己
何謂寵辱　寵比辱更為不好呀
得到寵愛會驚訝　受了侮辱也會驚訝
稱為受寵或受辱都會驚訝
何以說重視寵辱最大禍患卻是自己
我們所以有這種最大的禍患　是因為有自身的欲求
如果沒有自身的欲求　又有何禍患呢

故能重視以己身為天下服務的人　就可將天下託付給他
喜歡用己身去為天下服務的人　就可將天下寄予給他

天下太平時　戰馬在田野奔跑　拉糞來施肥耕種
天下動亂不平　戎馬就必須在邊疆出入

最大的罪惡呵　是放縱私人欲望
最大的過錯呵　是想著掠奪他人
最大的禍害呵　莫大於不知滿足
知道滿足的人不會貪求　才是永遠的富足

能洞察善惡賢愚的人　聰明呀
能有自知之明的人　明白呀
有能力勝過他人的人　有力呀
能戰勝自我的人　堅強呀
能知道滿足的人　富有呀
能努力實踐的人　有志氣呀
不失立身原則的人　長久呀
死了仍不被忘記的人　才叫長壽呀

真正知道的人不會信口開河　會謹慎發言
發言的人即便言之有理　也難免有其局限
做人要停止異常行為　要停止耳目之玩
要協調他們的觀點　要統一他們的行徑
要剉掉他們的銳氣　要化解他們的紛爭
這些境界就是人們共同牛活之道

所以不必想盡方法去親近他人　也不必疏遠他人

313

不必想盡方法去給他人利益　也不可加害他人
不必想盡方法給他人權位　也不可輕視他人
這才是天下最可貴的

人要永恆地持守至虛的心呀
也要篤定地持守大道的情呀
萬物正在萌芽之時　要安靜觀察它們的發展方式呀
天地間的規律紛紜多樣　也都會回歸到它們的根本

歸根是人之常情　此種歸根之情稱為復命
回歸故鄉之情是正常的呀　知此常情即為明白事理呀
不知此常情的人　會胡作非為狂妄地幹壞事
明白常情就會包容一切　就會大公無私　就會周遍完全　就會自
然天成　就會符合大道　就會悠久常存
終其一生不會有任何危險

最善良的人好像水一般　水善利於萬物又是有情之物
會流向眾人嫌惡的骯髒地方　所以它與道最接近
做人要如水居善地　善心深藏於心中
只有不消極靜止（該是你的就爭取）　才能無怨尤

善於行走的人不會留下車痕馬跡

善於辭令的人不會有瑕疵得咎

善於計數的人不必用計算籌器

善於關閉門戶的人不用門閂　而別人無法打開呀

善於結繩的人不用繩索綑結　而他人無法解開呀

人活著時身體是柔軟的　死的時後是僵硬挺直的

萬物草木活著時也是柔軟脆嫩的　死後也是枯槁的

所以說　剛強頑固的人就是邁向死亡的途徑呀

柔弱謙虛的人　才是邁向生存的途徑呀

逞強的兵力往往得不到勝利

長得強壯的樹木必遭砍伐

所以剛強高大的會居於下位

柔弱謙卑的反而居於優勢

出入於生死之間

從幼年到青年之成長階段　在十個人中占有三個

中年邁向老年的衰亡階段　也是十個人中有三個

壯年至中年這個旺盛階段　也是十個人中有三個

何以如此呢　因為人為了生存而不顧一切去拚命呀

聽說善於把握自我生命的人

在丘陵山地行走不需避開野獸

當兵作戰也不會為甲兵所傷

犀牛雖兇悍卻不以角去攻擊他

老虎雖勇猛也不以爪去攻擊他

兵卒作戰的刀器也用不上

何以故呀 因為心中沒有死亡的念頭

論做事

宇宙終極細微深奧星門　是天下人都可以知道的

美就是美　到了最後就會知道何者是美的

大家都知善　到了最後就會知道何者不善了

天下人所厭惡的　就是那些孤王 寡人 沒本事的人

位階高的王公卻以這些做為自稱呀

有的事看起來減損了反而有增益

有的事看起來增益了反而有減損

所以別人所教的　必須經過整晚思考之後才能教人

所以故意稱強霸道向人誇耀的人　死都不能得其所

我就像個老師而已

天下最柔弱的水　能馳騁在天下最堅固物體之間

只有無私方能透入細微縫隙之處

我因此明白　不為己利做事的好處呀

不用多說的自然教化　不為私利的自然化益
普天之下很少人能做得到啊

三十根楅木拱著車轂　輪軸處要空　方能插入車軸
車子才能使用呀
黏土拉坯後燒成器具　容器要空　方能合上一個蓋子
容器才能使用呀
鑿空牆壁做成為門窗　要有空間　才能做門板與窗板
居室才能使用呀
所以有形部分能給帶來便利
空虛部分可以發揮它的作用

看著它卻當作無睹　稱之為微
聆聽它卻當作無聞　稱之為希
撫摸它卻當作無存　稱之為夷
這三者無法析理難以探究　所以將它們歸結為一種感覺
此種感覺 往上看不明晰　往下看不能忽略

口吻和氣與口吻不耐煩　兩者相差有多少
美麗與醜惡　兩者相差又有何不同
大家所害怕的事物　不可能會有人不害怕

天地真的不仁嗎　為什麼將萬物當成用完就丟的草狗

聖人真的不仁嗎　為什麼將百姓當成用完就丟的草狗

天地之間　宛如風箱嗎

沒人去搖動就沒有聲音發出　若去搖動風就自然吹出來

意見聽太多反而無所適從　還不如守住自己心中的已見

道篇

論道

有一種狀態混沌地同時形成　比天地形成在先

寂靜無聲　沒有形象　獨立存在無邊無際

可以說它是天下萬物之母

不知它叫做什麼 稱之為道

我勉強為它命名為無限存在　為無形無狀　為無邊無際　為循環
不息

道比天大　比地大　比王大　也比國家都大

裡面有四種大　王只是居其一而已

人要效法地　要效法天　要效法道　要效法自然

道永遠無法形容　像個未切割的樸素木頭 非常細微

但天地間沒有什麼不敢臣服於它

為政者若能守此大道　萬物就會自然臣服於道

道永遠無法形容呀

為政者能遵守大道　萬物就會自覺地自然發展

能自覺發展就會成長　就會用無法形容的道去充實他們

萬物自覺發展　自然知足

能知足於本性之情　萬物就會自然走上正途

道這個宇宙本體
形成一一　形成二二　形成三三　形成萬萬物物
（道本身）負陰抱陽　以靜為中　陰陽相和

道空虛存在　人人都可運用　不會約束其使用的程度呀
深沉清澈呵　開始於萬物之前的遠古
清楚明白呵　靜止卻似乎無所不在
我也不知道它是怎麼來的呀

宇宙的真理　大家都可用自己觀點去解說呀
但都不是那永恆的宇宙真理呀
宇宙的名狀　大家都可用自己觀點去形容呀
但都不是那永恆的宇宙名狀呀
无　是萬物源出之前的能量階段呀
有　是萬物源出之後的物質階段呀
永遠沒有欲望呀　才能觀察宇宙萬物的細微奧妙
永遠充滿欲望呀　所觀察到的只是萬物的表相
「无」與「有」兩者同出於宇宙　名稱不同但意義相同
都是宇宙深奧又玄妙的道理

循環的狀態　是宇宙大道動態的表現呀
微弱的存在　是宇宙大道靜態的內涵呀
天下萬物　都是從有而生也是從无而來

有　无這二者
相生出難和易
相成就長和短
相形出高和下
相振出音和聲
相應和出前後
永遠相互伴隨

天地陰陽之氣和合交會　自然降下甘露時雨
人們沒有對它發號司令　會很自然均平降下
一開始就要用正確名義奠下制度
名義既然有了　為政者就要知其所止
能夠知其所止就不會有危險
因為宇宙大道流布於天下呀
就像小溪流自然流歸於大江海

大德是道的外在呈現　一切都是遵守道的原則
道這個東西　客觀虛無地存在著

虛無啊客觀啊　其中開始出現形象
客觀啊虛無啊　其中開始出現物質
幽微啊混沌啊　其中開始出現有情生命
宇宙的情是真實的　可以證實的
從現在推演至遠古　其名稱都沒改變
可回溯到萬物之始源
而我何以能知　萬物始源的情狀呢　是道給我的啟示

大家都在尋找道　卻無法有正確稱呼呀　到頭來還是找不到
所以稱為看不出形狀的形狀　看不出物體的形象　稱為忽恍
跟隨在道的後面　卻看不見它的後面
在道的前面迎接　卻看不見它的前頭
掌握了現今的宇宙規律　方能駕馭現今的事物
要了知遠古宇宙的起源　就是道矣

道滋生萬物之後　德才能不斷養育萬物
物體被形塑造成之後　器具才能算完成
所以萬物都要　尊崇道而寶貴德
道值得尊崇　德值得貴重呀
人們不可以太執著　這本來就是自然現象呀
道之於萬物　有滋生　蓄養　成長　成熟　享樂　受苦　頤養
死亡之全過程

天地生育萬物卻很少占有他們

成長萬物卻很少主宰他們

這才叫宇宙合一的德

上等士人聽聞宇宙大道　知道要謹守而且要實踐

中等士人聽聞宇宙大道　好像有聽沒有懂

下等士人聽聞宇宙大道　因為聽不懂就大笑

連笑都不笑的人　不用跟他們講宇宙大道了

所以有此建設性之言

明白宇宙大道的人　如彗星般閃亮

勵行大道的人　不會逞強宛如後退

具高尚道德的人　如百川溪流能容一切

內心潔淨的人　不會計較宛如受辱

廣大德行的人　會很謙虛宛如不足

建立大功業的人　必有過人正直節操

能質疑大道的人　態度會有所變好

寬宏大度的人　心量廣大無邊無際

大器度的人　自然天成不需被產生

極大的聲音　是聽不見的

天的形象　是沒有具體形狀的

宇宙大道　從一開始就沒有名字

施行天下大道　宛如拉弓般呀

過高就壓低一些　過低就舉高一些

太多了就要減損它　不足的就要補充它

所以天之道　會自動減損過多的 補充不足的

人之道就不一樣了　反而是減損不足的　供奉給多的

誰能創造有餘來奉獻給天下的不足

只有遵守天道的人吧

天下萬物都來自於宇宙本源　所以是天下萬物之母

既然得知道是天下萬物之母　就知天下的子孫就是萬物

能夠秉守天下萬物之母的人　終身不會有危險

修道的人要關閉六欲之門　要塞住欲望之口　終身不會匱乏

修道的人若開啟聲色欲望之口　仗恃自己才能　終身不可救藥

宇宙大道如百川溪流永遠存在　可稱為玄妙的萬物之母

玄妙的萬物之母這個門徑　稱之為天地萬物的根源

高高呀好像存在那裡　用它都用不完

過於自信自滿就會得不償失　不如能知進退適可而止呀

錘煉兵器雖擁有堅強武力　也無法長久維持這種局面呀

金銀珠寶堆積滿室　也無法永久守住的呀

位高權重富貴若又驕傲自得　將使自己留下禍殃呀

若已立了大功業　身體也不行了　就需退休讓位
這才是積極的天道呀

讓我能夠清楚認知呀

行於大道中　也要小心謹慎

大道本來就平坦寬大　可偏偏有人喜歡走沒水的溝壑

朝綱已經保不住　田地已經荒蕪了

倉庫已經快空虛了　還有人穿著華麗衣服 佩帶利劍

追求美食美酒只顧自己累積財富

這種人叫做貪官汙吏　不是有道之人呀

有勇氣又果敢的人會全力去拚殺

有勇氣但謹慎的人會謀求自保

知道這兩者差異　不管是有利或是有害　都是上天厭惡的

有誰知道其緣故呢

宇宙法則　能做到不戰而善於取勝　不言說而善於感應　不召喚
而自然到來　心胸坦然又有謀略

宇宙大道似天網非常宏大　看起來稀疏 卻沒有缺失

擁有大權勢的形象　天下自然歸順

自然歸順就不會有害　自然安和太平

享樂與美食之時　超過範圍就要停止

所以道出現時　平淡呵　無味的自然出現呀

要看它卻看不到　要聽它卻聽不到

然而卻是取之不盡　用之不竭呀

宇宙大道　是萬物集中之所在呀

善良的人會去保護它呀

不善良的人是不會去保護它的呀

合於道的美言　可以得到大家的尊崇

合於道的美行　可以使他人仰慕

人的不善也可以被感化呀　哪裡還會拋棄他呢

就算是立了天子設置三卿

雖擁有兩手相拱這麼大的璧玉　以及四馬拉的華車

還不如好好坐下來體悟大道

古聖人之所以尊貴宇宙大道　為什麼呢

不是說有求就得　有罪可免　不是的

所以道才能成為天下最尊貴的

天下人都說我把道講得很大　大到什麼都不像

就是因為很大　所以才不像任何物

如果它像某東西　早就被看成渺小了

所以大道廢了　怎麼會有仁義

智慧增長了　怎麼會有大偽之事

六親不和了　怎麼會有孝慈子孫

邦家昏亂了　怎麼會有忠正之臣

論聖人

道廣大無垠呵　可在左可在右　無所不在呀

能成就所有事情與功業　卻很少去敘說它呀

萬物歸順於道　也不會以主宰自居呀

道是永遠不會有任何欲望呀　可說它小　也可說它大

所以聖人之所以能成就他的偉大功業

就是不自以為偉大呀　所以能成就大業

所以聖人能實踐天道　而很少占有

能成就功業大事　而很少居功呀

這樣做是他不願誇耀賢德呀

不用走出門戶　就能知道天下事物

不必靠在窗戶看外面　就能知曉天道

外出走得越遠的人　會覺得自己知道的越少

所以聖人　只去過少許地方　自然知曉民間一切

只看過少許事務　自然清楚明白

只有一點點作為　聖業自然完成

聖人不為自己積累什麼

既然是為人民服務　自己擁有的就越多

既然是盡力給予人民　自己就更受愛戴

所以天之道　是利益萬物而不傷害他們

人之道　要有作為但也要有一些競爭

聖人永遠不會以私心來處事治國

而是以百姓想要的來處理政務

良善的人我以良善待之　不良善的人我也以良善待之　就是善呀

誠信的人我以信實待之　不誠信的人我也以誠信待之　就是信呀

聖人處理天下事務　赤誠熱心　為天下百姓全力以赴

百姓都專注地聽聞聖人所言

聖人全以赤子之心對待百姓

做事不是為某些目的才去做

行事不是為某些功業才去做

品味也不是為滿足慾望才去品味

太大的要修小些

看得很容易的　必定遭遇很多困難

聖人始終把每件事都看成困難　最後反而無難事了

用強烈個人目的去作為　往往會失敗

用強烈執著心去作為　往往會失去

因此聖人不會以任何目的去做　所以不會失敗呀

沒有任何執取所以不會失去呀

在面臨將要完成之時　要如同開始時那樣的謹慎　就不會失敗了

所以聖人不貪求他所想要的　也不愛難得的金銀財寶

教導百姓未學習的事　重視吸取眾人的過往經驗

所以聖人　能輔佐萬物的自然發展

但也只是有限度地去輔佐

彎曲的就用斧頭修正　歪斜的就把它拉直

低窪的就把它填滿　陳舊的就得換新

少私寡欲的就能得　貪多的就會被誘惑

所以聖人保持始終如一　引導天下人走向美好的未來

不自以為是才能明白

不固執己見才能彰顯

不自作主張才有功勞

約束自己不誇耀才能有長進

唯有不魯莽行事的人　就沒有誰能與他來亂爭了

古人所謂的委曲求全　幾乎都是虛偽言語

只有用剛強方法才能矯正之

江海之所以能成為百川溪流之王
就是它處在比百川溪流低下的位置
所以能成為百川溪流之王

聖人屹立在人民之前呀
必須讓自己謙虛如在身後　人民就不會加害於他呀
要高居萬民之上呀
必須先謙虛自己的言語　人民不會感到威重的壓力
天下人都樂於歸服他　而不會多所批評議論
聖人謹守大道沒有什麼好批評呀
因此天下就沒有人能與他相互批評了

不崇拜賢德名號　使人民不爭取虛名
不標榜難得的貨物　使人民不會去偷盜
不展現會引起貪欲的物品　使人民的心不紛亂
所以聖人之治理天下呀
要使百姓虛心　要讓他們吃飽
要削去他們的狂妄　強健他們的體魄
永遠讓百姓了解一切　不會產生多餘的欲望呀
使一些自作聰明的人不敢亂來
只要約束人民一些行為　天下就沒有不好治理的了

天地是長久存在的

天地之所以能夠長久的存在

是它不為自己的生存　卻生長萬物　所以能夠長久

所以聖人明白這個天長地久的道理

遇事謙遜反而能在眾人之中領先

置己身度外反而能保全自身生存

不正是因為他不為己私嗎　所以能成就他自己

知道他是雄才大略的人　卻守著女性般的謙虛

如同天下溪流自然匯流

永遠不離開德性　如回歸嬰兒般的純真

知道他是清白榮耀的人　卻守著卑下的地位

如同天下的百川溪流

永遠守著德而知足　如回歸樸實而謙虛的人品

木頭切割開來做成各種器具

聖人能體會運用才能成為百官之長

因為完善制度是不能支離分割的

知道自己有所不知　是最好的

不知道自己有所不知　是不好的

聖人沒有這些毛病　因為他痛恨這些毛病呀

所以聖人不會有此毛病

百姓不害怕該害怕的事　那麼更大的災禍就會降臨了
不要把去路狹窄了而讓自己無處去
不要像厭惡人類一樣毀滅眾生生命
唯有人不要去遭到天道的厭惡　天道才不會去厭惡人
因此聖人　有自知之明而不固執己見呀
知道自愛而不自認高貴呀
故聖人能知取捨

天下最柔弱的東西沒有能超過水　它卻能攻克堅固之物
堅固之物卻沒有什麼能勝過它呀
因為它是無法取代的呀
柔之能勝剛呀　弱之能勝強呀
天下人沒有不了解的呀　只是沒有人能好好去實行呀
因此聖人的話是這樣說
能為國家蒙受侮辱的人　才稱得上是國家的君主
能為國家承受災難的人　才稱得上是天下的君王
以上所言反過來講亦同

縱使和解雙方的大怨　還是會有一些餘怨
這樣怎能說是完善的結局呢
所以聖人要以同理心去調解問題　而不是指責人
因此接受調解的就用公平方式解決

不接受調解的就用強制措施來解決

因為天道無所偏私不分親疏　永遠只給有德的善人

五色會使人眼睛迷盲

馳騁田野打獵會使人心神發狂

難得的珍貴財貨會使人相互模仿

五味會使人口味爽

五音會使人耳趨聾

所以聖人知道治理國事的原則呀

要給人民肚子溫飽　不要人民貪圖耳目享受

所以要去除享受求取溫飽

所以聖人

永遠善於集合人　而不會拋棄人

會物盡其用而不會浪費　稱之為能掌握天道規律

所以修養高的人　是修養不足的人的表率

修養不足的人　是修養高的人的借鏡

不懂得尊重老師　不愛惜借鏡之物

唯有洞悉大迷惑之理　才能稱為精微玄妙的道

所以聖人居於不為私心目的處理事情

用不言的身教來教導人民

萬物欣欣向榮　少去約束它們是如何開始的

讓它們自由發展　少去約束它們是如何發展呀

讓它們各自功成　少去約束它們的處境

只有讓萬物自行發展　也就沒有所謂要去除的呀

萬物

有先行的有追隨的　有熱情的有失意的

有強盛的有挫折的　有興盛的有墜落的

因為聖人知這些道理

就會去除過分的　自大的　奢華的

我的話很容易明白　很容易實行呀

但天下人竟然沒人能明白呀　沒人能實行呀

我的話都有中心思想　行事都是有根據的

正因一般人無法理解呀　所以不知我的本意

能了解我所說的人太少了　所以顯示我說的太珍貴

就如同聖人身穿粗布衣服　內裡卻懷著珍貴的寶玉

論治國

用正道來治理國家　用奇巧戰略來用兵

讓百姓平安無事才能取得天下歸心

我何以知必須如此呢

治理國家若發布太多法令　人民就越有反叛之心
如果讓人民擁有太多武器　國家就容易陷入混亂
如果人民心機多了　奇怪邪惡之事就容易發生
法律制度太過繁瑣複雜　盜賊就會越多

所以聖人會這樣說
我不要管太多事情　人民自然勤勞致富
我不為己私做事　人民自然端正品行
我虛心恬淡不胡為　人民自然歸正
我始終想著絕不貪欲　人民自然歸於純樸

為政者用憫恤心處理國事　人民就過得淳樸安定知足
為政者以嚴刑苛罰來察查　邦國反而會陷入分崩離析
災禍是幸福的倚靠
幸福卻潛伏著災禍
有誰真正了解最後結果呢　沒有
矯枉過正的事往往會變的奇怪
矯枉過正的良善也會變成妖異
世人蒙昧於善惡之分別呀　這種日子已經很久了
所以為人方正不去分裂他人　為人清廉不去刺傷他人
為人正直不去拖累他人　心性光明而沒有偏見

要使邦國安定呀　才容易維持呀

要在未有徵兆時呀　才容易謀策呀

脆弱的事情呀　容易被分化呀

微小的東西呀　容易散失呀

在事件尚未發生之前　就要想到處理的方法呀

在亂局尚未發生之前　就要給予人民所期望的呀

合臂環抱的大樹　是成長於很小的種子

九層的高台　是一畚箕一畚箕堆出來的

百仞高的地方　是一步一步走上去的

給予人民　事奉上天　絕對不要吝嗇

上下有道　就稱為重積德

重積德　就沒有不能克服的事情了

沒有不能克服的事情　就難以估量其能力極限

難以估量其能力極限　就可以讓他來治理國家

有重積德的人來治理國家　才可以維持長久

此稱為根基牢固　國家長久存在的道理呀

大有成就的人看起來若有缺失　可以重用他　不用忌諱

大有才華的人看起來似乎不足　可以重用他　不會技窮

很會思考的人看起來好像很笨拙

能發揮的人看起來反而很內斂

正直的人看起來好像受委屈

跑動可以克服寒冷　清心可以克服炎熱

清廉恬淡可以使天下安定

從前了解大道合一的人都知道

天與道合一就會清明

地與道合一就會寧靜

神與道合一就會靈驗

溪流與道合一就會盈滿

為政者與道合一就能使天下歸正

反過來依此推論

可以說天不能保持清明恐將分裂

地不能保持寧靜恐將崩廢

神不能保持靈驗恐將歇息

溪流不能盈滿恐怕會枯竭

為政者如果不重視大道的重要　恐怕會被顛覆

因此　尊貴事物是以謙遜為根本

高尚事物是以低下為基礎

因此為政者都自稱孤王　寡人　沒本事

這些稱呼都是低賤的嗎　不是的

所以過多的車子等於沒有車子
因此不能將自己看成寶玉　不要將他人看成石頭

為政者要少發號施令　讓人民自然作為
再怎麼刮風也不會刮整個早晨
再怎麼下暴雨也不會下一整天
誰令刮風下雨的　就是天地啊
天地尚且不能讓風雨持續很久　又何況是人的政令
所以在面對有道的人　就以道來互相討論
面對有德的人　就以德來互相勉勵
面對失意的人　就以同理心去安慰
遵循德原則的人　同時也得道
失去德原則的人　同時也失道

努力做學問的人　會日益增進知見
努力聽聞道的人　會日漸減損缺點
減損又減損　回到全然無私的境地呀
不為任何目的　沒有不能作為的
竭盡所能去學習　沒什麼可擔憂的

如果有人為了個人私欲而想要取得天下
我的看法是 他是不會成功的

因為天下是至尊至貴的神聖東西呀

並不是憑個人私欲就能得到的呀

以個人私欲去做必定失敗 以執著之心強取必定失去

想要取得天下呀　永遠不能有事

若是以私心生事擾民呀

就不足以取得天下了

最好的為政者（不擾民）　百姓只知有此聖君而已

其次的為政者　能得到百姓的親近與稱讚頌揚

再其次的為政者　以刑罰去治理　人民畏懼他

最差的為政者　以權術愚弄人民　人民輕蔑他

如果為政者誠信不足　人民就不信任他

君王的任何言論都要謹慎呀

事業完成了　功勞達成了

百姓反而會說　是我們自然完成的

百姓之所以會陷於飢餓呀

是他們要上繳的糧食稅太多呀　所以會飢餓

百姓之所以不好治理呀

是因為統治者太過於有其目的呀　所以不好治理

百姓之所以會不顧死亡呀

是因為他們求生欲望非常強烈呀　所以不怕死亡
只有那些不為了生存去拚命的人
才是真正看重自己寶貴生命的人

為政者要竭盡智慧訂定好政策　讓人民不需分辨
如此一來人民利益就有百倍了
為政者要竭盡攷察事務的能力　使人民放棄利益
盜賊就會絕跡了
為政者要竭盡自己的心力來施政　讓人民放棄憂慮
人民就會回歸孝慈的本性
用這三個原則來治理國事　還是有不足的話
就用命令或呼籲人民遵循
重視樸素　保持謙虛　減少私心　降低欲望

穩重是輕盈的根基　清淨是躁動的主宰
所以君子終日在外行走　也不離其載生活用品的車輛
只有負責環衛安全的軍官　下班後也保持職業風格
如果擁有萬輛兵車的君王　把自身看得不重要
輕則就會失去邦國　躁則就會失去君位

如果人民永遠不怕死　還怕你用殺來恐嚇嗎
如果人民永遠害怕死　那麼做此事者

我將拘捕並殺死他　還有誰敢呢

如果人民永遠害怕死　就永遠有掌管殺人之事的人存在

若在司法官命令之下去殺人　如同代替劊子手去砍人

那麼代替劊子手去砍人的人　很少有不傷到自己手的

小邦國人民少

縱使有十百倍人力的器械也不去使用

人民重視生命而不會隨便遠徙外地

雖有車有船 也不會去乘坐

有盔甲兵器 也不會陳列出來

讓人民體會結繩紀事文明萌芽時的歡樂

品嘗甘甜食物　穿著美麗衣服

樂享文雅風俗　居住安適處所

與鄰近邦國互相遠望互相問候

安居樂業生活滿足　活到老死也不會想搬家

治理大國　宛如向上天獻祭牲禮（的誠心）

以宇宙正道立於天下

有些人行為詭異也不神秘　並不是他們詭異而不神秘呀

而是他們表明自己不傷害人呀　聖人也不傷害他們呀

彼此互不傷害　所以都能相互得到對方的信任

大邦應如居於江河的下游呀

如同天下雌性動物　以柔弱安靜自處呀

雌性永遠勝過雄性的剛強躁動

為了要安靜　所以要居下謙柔

大邦能以誠信對待小邦　就能取得小邦的歸附

小邦能謙卑自處　就能取得大邦的利益

因此有的是處於謙下以取得　有的是處於低下而獲得

身為大國　沒有過分要求去培養小國的人

身為小國　也沒有過分要求去攀附大國的事

這樣雙方都獲得自身所要的事物

所以大且強的邦國應該謙虛居下

君子家居是重視左側尊位

用兵打仗時重視右側尊位

所以說　武器是不祥的器具呀

不得已的情況下才會使用

把鋒利兵器收攏才是上策　也不用去讚美呀

若是讚美兵器　會樂於殺人

樂於殺人　就不可以得志於天下的

所以吉慶之事以左為上　凶喪之事以右為上

所以地位較低的將軍居左位　地位高的將軍居右位

這說明軍禮是以喪禮來看待呀

殺人多的將領當以悲哀心情　用喪禮位置來安排

戰勝的一方　也要用處理喪事那樣的禮儀來處理

要收攏的　必定原本是張開的

要削弱的　必定原本是強固的

要除去的　必定原本是擁有的

要奪去的　必定原本是給予的

這些都是小聰明的手段

柔弱勝過剛強　魚不可以脫離深清水塘

國家利器不可以拿來誇示於人

運用宇宙大道去輔佐國君的人

不會仗恃自己的兵力去強取天下

善於用兵的人只是捍衛邦國而已　而不是強取他邦

捍衛邦國而不侵犯鄰邦

捍衛邦國而不驕狂

捍衛邦國而不自誇

此稱為捍衛邦國而不爭強

用兵有個訓言說

我不敢主動挑戰　只是被動應戰

我不逞強前進一寸　寧可後退一尺

這樣的打仗　不像殺氣騰騰的打仗

雖然高舉臂膀　也沒有出手的模樣

手裡拿著武器　也沒有出兵的樣子

能夠做到這樣就天下無敵了

禍害莫大於不知如何適從地應戰

不知適從應戰就會喪失家國

因此實力相當的兩軍對陣

哀憫天下蒼生的人方能得到勝利

所以說用道治國的人　不是教人民如何精明呀

而是要他們質樸如愚不違背初心呀

人民之所以難治理呀就是太自以為聰明呀

用機巧的聰明治國　反而是邦國的禍害呀

不以機巧的聰明治國　才是邦國的德呀

永遠知道這兩者　就是治國的重要法則呀

永遠知道這個重要法則　就叫做玄德

玄德既深邃又幽遠　和一般世俗事物截然不同

最後才能獲得大順利

國家圖書館出版品預行編目（CIP）資料

老子的N維傳訊：德道經原文重現重譯 / 呂尚著. --
　初版. -- 新北市：大喜文化有限公司, 2023.11
　　面；　公分. -- (喚起；30)
　　ISBN 978-626-97255-3-3(平裝)

1.CST: 道德經　2.CST: 注釋

121.311　　　　　　　　　　　　　112016281

喚起　30

老子的 N 維傳訊
德道經原文重現重譯

作　　者：呂尚
導　　讀：李鴻源
發 行 人：梁崇明
出 版 者：大喜文化有限公司
登 記 證：行政院新聞局局版台省業字第 244 號
P.O.BOX：中和市郵政第 2-193 號信箱
發 行 處：23556 新北市中和區板南路 498 號 7 樓之 2
電　　話：02-2223-1391
傳　　真：02-2223-1077
E-Mail：joy131499@gmail.com
銀行匯款：銀行代號：050　帳號：002-120-348-27
　　　　　臺灣企銀　帳戶：大喜文化有限公司
劃撥帳號：5023-2915，大喜文化有限公司
總經銷商：聯合發行股份有限公司
地　　址：231 新北市新店區寶橋路 235 巷 6 弄 6 號 2 樓
電　　話：02-2917-8022
傳　　真：02-2915-7212
初　　版：西元 2023 年 11 月
流 通 費：新台幣 399 元
網　　址：www.facebook.com/joy131499
I S B N：978-626-97255-3-3（平裝）